DANIEL GOLEMAN
PETER SENGE

Tradução
Cássio de Arantes Leite

4ª reimpressão

Copyright © 2014 by More Than Sound
Originalmente publicado por More Than Sound.

Grafia atualizada segundo o Acordo Ortográfico da Língua Portuguesa de 1990, que entrou em vigor no Brasil em 2009.

Título original
The Triple Focus: A New Approach to Education

Capa
Eduardo Foresti e Filipa Pinto

Revisão
André Marinho
Tereza da Rocha
Ana Grillo

CIP-Brasil. Catalogação na fonte
Sindicato Nacional dos Editores de Livros, RJ

G58f
    Goleman, Daniel
        O foco triplo/ Daniel Goleman, Peter Senge; tradução Cássio de Arantes Leite. — 1ª ed. — Rio de Janeiro: Objetiva, 2015.
    128p.

    Tradução de: The Triple Focus.
    ISBN 978-85-390-0724-0

    1. Educação. 2. Aprendizagem. 3. Tecnologia – Educação. I. Senge, Peter. II. Título.

| 15-28078 | CDD: 370 |
| | CDU: 37 |

Todos os direitos desta edição reservados à
EDITORA SCHWARCZ S.A.
Praça Floriano, 19, Sala 3001 — Cinelândia
20031-050 — Rio de Janeiro — RJ
Telefone: (21) 3993-7510
www.companhiadasletras.com.br
www.blogdacompanhia.com.br
facebook.com/editoraobjetiva
instagram.com/editora_objetiva
twitter.com/edobjetiva

Sumário

Introdução   7

Parte um
Um reinício na educação para a vida   13
Daniel Goleman

Parte dois
Focando em nós mesmos   21
Daniel Goleman

Parte três
Sintonizando com outras pessoas   39
Daniel Goleman

Parte quatro
Compreendendo o mundo mais amplo:
pensamento sistêmico & inteligência sistêmica   59
Peter Senge

Parte cinco
A parceria potencial entre a ASE e a educação
sistêmica   87
Peter Senge e Daniel Goleman

Notas   119

Introdução

Imagine o seguinte: alguém com menos de dezoito anos provavelmente nunca conheceu um mundo que não tivesse internet. E em cada vez mais partes do mundo a maioria das crianças com menos de dez anos nunca vivenciou uma época em que não houvesse um dispositivo portátil que pudessem sintonizar — para ficar sintonizadas com as pessoas em volta delas. As crianças estão crescendo em um mundo muito diferente hoje, um mundo que vai mudar ainda mais à medida que a tecnologia evoluir. Mas as mudanças irão além da tecnologia. Essas crianças também estão crescendo em um mundo que enfrenta desafios sociais e ecológicos sem precedentes, os quais terão de ajudar a superar.

Que ferramentas podemos dar aos mais jovens hoje para ajudá-los nessa jornada?

INTRODUÇÃO

Neste livro, Peter Senge, especialista em pensamento organizacional e pensamento sistêmico do MIT [Massachusetts Institute of Technology] e autor de *A quinta disciplina*, e Daniel Goleman, autor de *Inteligência emocional* e fundador do movimento pela aprendizagem social e emocional, examinam as ferramentas internas de que os jovens precisarão para contribuir e prosperar neste novo ambiente. Eles descrevem três conjuntos de habilidades cruciais para se orientar em um mundo acelerado de distrações crescentes e envolvimento interpessoal ameaçado — um mundo no qual as ligações entre as pessoas, os objetos e o planeta são mais importantes do que nunca. Pense nesses conjuntos de habilidades como um foco triplo — interno, no outro e externo.

Daniel Goleman explora o primeiro, o foco interno — *focando em nós mesmos*, em nosso mundo interior, conectando-nos com nosso senso de propósito e nossas aspirações mais profundas, compreendendo por que nos sentimos de determinada maneira e o que fazer em relação a esses sentimentos. O foco interno é a chave para uma vida significativa, para se concentrar na tarefa imediata, ignorando distrações e gerindo emoções inquietantes. Ele investiga também o segundo tipo de foco, *o da sintonia com outras*

8

pessoas, ou da empatia, de ser capaz de compreender a realidade alheia e se relacionar com ela da perspectiva do outro, não apenas da própria. Tal empatia leva à compaixão e à capacidade de trabalhar juntos — chaves para relacionamentos eficazes, conectados.

Peter Senge explica o terceiro tipo de foco, o foco externo: *compreendendo o mundo mais amplo*, o modo como os sistemas interagem e criam redes de interdependência, seja essa interação dentro de uma família ou organização, seja do mundo como um todo. A compreensão disso exige consciência dos sistemas, não apenas o modo de pensar simplista do ensino tradicional em que "A causa B", em que "há uma resposta certa". Há anos Peter faz parte de um movimento crescente entre empresas inovadoras que mudou o modo como elas veem e executam a gestão da complexidade. E atualmente ele é membro de uma rede que leva esses conceitos e ferramentas às escolas, permitindo aos alunos compreender melhor o mundo em que vivem.

O livro está dividido em segmentos que examinam como incorporar esse foco triplo ao aprendizado. Na primeira parte, Goleman mostra como ensinar crianças a cultivar o foco interno e o foco no outro. Ele descreve como podemos aperfeiçoar a autoconsciência, a autogestão, a empatia e as ha-

INTRODUÇÃO

bilidades sociais — e como isso tudo traz benefícios para o desenvolvimento pessoal e o desempenho acadêmico. Além disso, fornece uma amostra de como algumas escolas já estão ensinando a seus alunos essas habilidades vitais.

No segundo segmento, Senge examina esse terceiro conjunto de habilidades, a compreensão de sistemas: analisando a dinâmica do "quando eu faço isso, a consequência é essa", e como usar esse tipo de insight para mudar o sistema para melhor. Peter também mostra o trabalho inovador por trás do modo como a visão sistêmica está sendo ensinada nas escolas e o que há de revelador acerca da inteligência de sistemas inata das crianças.

Hoje vemos que esses conjuntos de habilidades podem operar muito naturalmente entre si. Como seres humanos, precisamos sempre compreender o eu, o outro e os sistemas mais amplos dos quais somos parte. Para explorar essa possibilidade, na última seção Goleman e Senge refletem juntos sobre áreas de importante sinergia, como a aprendizagem social e emocional e o ensino de sistemas. Embora esses dois campos e as redes de educadores associadas tenham se desenvolvido em grande medida de forma independente, juntos eles poderiam constituir uma verdadeira massa crítica para mudanças profundas que há anos frustram os inovadores na área educacional. Quando todas as três inteligências são respeitadas, as crianças parecem prosperar. Trata-se de uma forma de ensino que não só vai equipar melhor nossas crianças para o futuro, como também pode começar a se concretizar desde já.

Um dos motivos de termos escrito este livro é o grande progresso que foi conquistado nas duas últimas décadas em cada um desses campos. Existem conceitos, ferramentas, estratégias pedagógicas e recursos submetidos ao teste do tempo para ajudar as escolas a levá-los com eficácia aos alunos. Partilhamos de uma paixão por difundir isso, de modo que cada vez mais estudantes possam se beneficiar. Quando visitamos salas de aula em escolas pioneiras de todos os tipos, ficamos um pouco desolados ao ver que as crianças não estão recebendo esse tipo de ensino. Esses programas são muito valiosos para os jovens, para os professores, para os pais e as famílias. Então por que não estão disponíveis para todo o corpo discente?

À medida que mais pais, educadores e alunos levarem a aprendizagem social e emocional e a consciência sistêmica às escolas, presenciaremos estudantes mais felizes, mais calmos e pes-

INTRODUÇÃO

soalmente mais maduros sendo bem-sucedidos em suas vidas e contribuindo para mudanças vitais na sociedade.

Daniel Goleman e Peter Senge

PARTE 1

Um reinício na educação para a vida

DANIEL GOLEMAN

Quando eu estava escrevendo o livro *Inteligência emocional*, conheci um dos primeiros currículos voltados a fomentar a inteligência emocional. Foi nas escolas públicas de New Haven, Connecticut, e aconteceu porque um psicólogo de Yale, Roger Weissberg, deu ouvidos ao prefeito da cidade, que reunira cerca de uma centena de cidadãos preocupados. A cidade de New Haven — à parte o cantinho onde fica a Universidade Yale — era uma região acometida pela pobreza, onde inúmeras crianças nascidas de jovens mães solteiras também se tornaram por sua vez jovens mães solteiras vivendo à custa da assistência do governo, e onde os modelos locais de sucesso eram os traficantes de drogas. Um lugar onde era difícil viver.

O prefeito disse para essa força-tarefa: "Nossos jovens estão com um sério problema — o que podemos fazer para ajudá-los?". Assim, Roger Weissberg desenvolveu o Currículo de Desenvolvimento Social para as crianças locais. Esse foi um dos programas pioneiros que geraram o movimento global "Aprendizagem Social e Emocional" (ASE).

Hoje, a ASE é encontrada em milhares de escolas no mundo todo, com centenas de programas diferentes. Recentemente, houve uma meta-análise de diferentes estudos que avaliavam escolas que possuem programas de ASE e escolas que não os possuem. Eles puderam reunir dados de 270 mil alunos. Esse estudo agregado e massivo descobriu que os efeitos de participar de programas de ASE foram os seguintes: o comportamento pró-social — comportar-se apropriadamente na sala de aula, apreciar a escola, assiduidade etc. — aumentou em 10%; o comportamento antissocial — comportar-se mal na sala de aula, violência, bullying — diminuiu em cerca de 10%. E o mais interessante, as notas nos testes de desempenho acadêmico subiram em 11%. Os ganhos, na maior parte, foram mais significativos nas escolas que mais necessitavam deles.

A relação entre os efeitos da ASE no comportamento e no desempenho acadêmico foi a mais grata surpresa. No meu entender, os alunos estão prestando mais atenção porque aprenderam a controlá-la de forma mais eficaz, porque gostam de seus professores e de estar na classe, e porque estão menos preocupados com brigas e com a possibilidade de serem vítimas de bullying. Assim, quando essas aptidões comportamentais melhoram e os alunos se sentem à vontade em um ambiente educacional, eles podem aprender melhor. Do ponto de vista acadêmico, é um grande argumento para levarmos a ASE às escolas.

Em *Inteligência emocional*, examino as descobertas do que era na época um novo estudo empreendido pela W. T. Grant Foundation. Eles estavam interessados nos problemas que os jovens enfrentavam e avaliaram o mérito das inúmeras "guerras" contra tais problemas, como a maioria das intervenções eram chamadas nesse tempo. Havia a guerra contra as drogas, a violência, a pobreza, o bullying, até mesmo uma guerra contra as taxas de evasão escolar no ensino médio. Eles avaliaram todos esses programas destinados a ajudar os alunos a lidar com esses problemas em suas vidas e descobriram que muitos não funcionavam. Alguns, na verdade, agravavam a situação.

Mas aqueles que ajudaram tinham determinados ingredientes ativos em comum. Eram ensinados ao longo de muitos anos, em vez de numa única ocasião; repetiam aulas básicas pelas séries à medida que crescia a capacidade de compreensão dos alunos; enfatizavam a escola como comunidade; e procuravam o apoio das famílias. E todos ensinavam um núcleo comum de competências. Os ingredientes ativos resumiam-se a um punhado de competências emocionais e sociais. Elas incluíam *autoconsciência*, ou saber como você se sente e por quê; *autogestão*, que é o que você faz em relação a esses sentimentos; *empatia*, ou saber o que os outros pensam e sentem e compreender seu ponto de vista; e enfim *habilidades sociais*, que somam tudo isso para você ter relacionamentos harmoniosos e recorrem a todos esses conjuntos de habilidades em inteligência emocional para você tomar decisões acertadas na vida.

Estes cinco pontos — autoconsciência, autogestão, empatia, habilidade social e boa capacidade de tomada de decisões — são hoje as competências centrais ensinadas na ASE.

Ainda que hoje esse seja um movimento crescente e global, você só encontrará esses programas em um pequeno número de escolas. Mas essas escolas constituem o terreno semeado para a disseminação dessa abordagem educacional. E à medida que a ASE encontra novas salas de aula pelo mundo, esperamos moldar a próxima geração de

O FOCO TRIPLO

ensino à criança em sua integralidade [*whole-child education*], mostrando como o foco triplo — interno, no outro e externo — pode preparar as crianças ainda melhor para seu futuro.

PARTE 2

Focando em nós mesmos

DANIEL GOLEMAN

Os alunos do segundo ano chegando à sala de aula naquela manhã arrumaram suas cadeiras em círculo para um ritual diário: a professora pedia a cada um para contar à classe como estava se sentindo (a menos que não quisesse) e por que se sentia daquele jeito.

Esse simples exercício em uma escola primária de New Haven foi a primeira vez que presenciei uma aula de alfabetização emocional.

Embora os sentimentos e seus motivos subjacentes possam parecer óbvios para nós, adultos, essa percepção interna básica deve ser aprendida na infância. Aquela professora do segundo ano estava ajudando as crianças a dominar uma lição de autoconsciência.

Nomear as emoções com precisão ajuda as crianças a ter mais clareza acerca do que está acon-

FOCANDO EM NÓS MESMOS

tecendo em seu íntimo — fator essencial tanto para tomar decisões lúcidas como para administrar as emoções ao longo da vida. Deixar de compreender isso pode fazer a criança perder o rumo. Já se constatou, por exemplo, que meninas que desenvolvem transtornos alimentares na adolescência confundem tristeza com fome quando ainda estão na escola primária — e acabam comendo descontroladamente na adolescência para acalmar a angústia. Isso, por sua vez, prepara o terreno para disfunções alimentares mais tarde em suas vidas.

A autoconsciência — dirigir a atenção para nosso mundo interior de pensamentos e sentimentos — abre caminho para termos o controle de nós mesmos. O foco interno nos permite compreender e lidar com nosso mundo interior, mesmo quando perturbado por sentimentos de inquietação. Uma das competências centrais para fazer isso é o modo como mobilizamos nossa atenção. Podemos voltar nossa consciência para dentro e podemos monitorar para onde dirigir nosso foco. Essas são habilidades vitais que nos manterão no caminho certo ao longo dos anos e ajudarão as crianças a serem melhores aprendizes.

Quando, por exemplo, uma criança está em sintonia com o que é mais importante para ela, com o que a cativa, ela entra em contato com os interesses que a motivam. Essa "motivação intrínseca", que vem de dentro, nos diz o que realmente é importante para nós — para uma criança, o que ela realmente quer aprender e por quê. Se depois de algum tempo ela estiver apenas seguindo os objetivos do professor sobre o que *deve* aprender e não pensando muito nos próprios objetivos, talvez venha a assumir uma postura de que a escola diz respeito apenas ao que interessa aos outros — e perca o controle sobre sua reserva interna de motivação e envolvimento. Por outro lado, um professor sintonizado pode usar os interesses intrínsecos dos alunos para gerar empolgação com o que estão aprendendo.

Essa competência para entrar em sintonia com o que importa para nós tem também uma dimensão ética. À medida que a vida passa, a sensação de que estamos no rumo de nossos valores torna-se um leme interno. Em nossas vidas e carreiras, isso pode florescer e dar origem a um "bom trabalho" — uma combinação poderosa do que nos cativa, do que importa para nós e do que podemos realizar com sucesso. O bom trabalho exige entusiasmo, ética e excelência. Nos anos escolares, o equivalente é a "boa aprendizagem" — estar envolvido com o que parece importante, com o que

FOCANDO EM NÓS MESMOS

nos deixa entusiasmados, e construindo as habilidades e conceitos que podemos aperfeiçoar à medida que progredimos.

A neuroplasticidade, uma modalidade anatômica de progresso, é a compreensão em nível científico de que o cérebro continua a crescer e a se moldar mediante as repetidas experiências ao longo da vida e, particularmente, na infância. Esse é o último órgão do corpo a se tornar anatomicamente maduro; ele só assume sua forma definitiva aos vinte e poucos anos. Em especial durante nossa idade mais tenra, nossa experiência — e as redes neurais que isso ativa — fortalece esses circuitos ou os seleciona.

Estudos mostram, por exemplo, que nossa mente divaga cerca de 50% do tempo, em média. Na Universidade Emory, voluntários foram instruídos a manter a atenção em uma única coisa, e é claro que depois de algum tempo a mente deles divagou.[1] Mas os voluntários passaram a observar quando isso acontecia, em um momento de "metaconsciência", e conseguiam trazê-la de volta. Nesse exercício, toda vez que a mente vaga e a pessoa percebe que está longe, ela volta a focar no objeto. Em teoria, cada vez que trazemos a mente de volta, é como executar uma flexão de tríceps — mas na ginástica mental você está fortalecendo os circuitos ao procurar foco e ênfase e ignorar as distrações.

Essa neuroplasticidade em ação presumivelmente acontece com todo o conjunto de circuitos envolvidos na aprendizagem social e emocional. Os circuitos para a empatia e a autogestão interna se desenvolvem e crescem ao longo da infância e da adolescência, e podem ser cultivados de modo a evoluir da melhor forma possível. Isso, da perspectiva da ciência do cérebro, é o que a ASE objetiva fazer.

Em termos ideais, queremos ajudar as crianças a exercitar os circuitos certos, no momento certo, pelo motivo certo — por exemplo, a ASE foca na autogestão, que depende em grande medida dos circuitos no córtex pré-frontal. O mesmo é válido para o circuito social do cérebro, que nos ajuda a perceber o que outra pessoa está sentindo, saber o que dizer em seguida e manter a harmonia da interação.

Os psicólogos do desenvolvimento nos ensinam que nossa capacidade para testemunhar a própria mente — nossos pensamentos e sentimentos — reside em redes localizadas principalmente nos centros executivos do cérebro, no córtex pré--frontal, imediatamente atrás de nossa testa. Emoções fortes, perturbadoras, como raiva ou ansiedade, fluem de circuitos inferiores no cérebro, os centros límbicos. A capacidade do cérebro para "simplesmente dizer não" a esses impulsos emocionais dá um salto de crescimento durante as idades de cinco a sete anos e continua a crescer de maneira uniforme a partir de então, embora tenda a ficar defasada em relação aos centros emocionais durante a adolescência.

A competência para estar atento ao impulso — para ficar focado e ignorar as distrações — pode ser reforçada pelas lições corretas. Isso é particularmente importante para se sair bem na escola. Os centros cerebrais para o aprendizado operam em seu ponto máximo quando estamos focados e calmos. À medida que ficamos perturbados, esses centros trabalham com eficiência cada vez menor. Presa de uma agitação extrema, a pessoa só consegue focar na fonte de sua inquietação — e a aprendizagem é desligada. Por esses motivos, quando estão calmos e concentrados é que os alunos aprendem melhor.

O que há de novo: treinando a atenção na ASE

Visitei uma sala de aula do segundo ano no Harlem hispânico para assistir à sessão diária do que eles chamam de *"breathing buddies"*. Durante esse período de "amiguinhos de respiração", cada criança vai para seu canto e pega o bicho de pelúcia favorito, deita no chão e põe o amiguinho sobre a barriga. Depois observa o bicho de pelúcia subir enquanto inspira, ao mesmo tempo contando 1, 2, 3, 4, e depois contando 1, 2, 3, 4 outra vez ao expirar, observando o amiguinho descer. Fazem isso por alguns minutos.

Essa simples sessão de foco exercita os circuitos da atenção de uma maneira que é apropriada ao nível do segundo ano. E os efeitos as acompanham pelo resto do dia — as crianças ficam calmas e concentradas. A professora dessa sala contou-me que certo dia uma mudança de horário fez com que não tivessem tempo para o exercício, e a classe ficou caótica.

Acredito firmemente que o "amiguinhos de respiração" antevê o passo seguinte para a ASE. Logo estaremos aplicando a nova ciência da atenção para ajudar as crianças a se tornarem melhores em observar seu mundo interior, compreendê-lo e administrar suas emoções quando ficarem agitadas.

Algumas escolas já estão ensinando as crianças a ficar "alertas", o que significa prestar atenção ao que pensam e sentem sem se deixarem levar por inquietudes internas. Essa consciência observadora cria uma plataforma dentro da mente a partir da qual a criança pode ponderar seus pensamentos, sentimentos e impulsos antes de agir com base neles. E esse momento de pausa dá à criança um grau de liberdade crucial que lhe permite administrar suas emoções e seus impulsos em vez de simplesmente ser controlada por eles.

A atenção é a habilidade essencial para o aprendizado. A capacidade específica de manter nossa atenção onde queremos é denominada *controle cognitivo*. O circuito do controle cognitivo percorre o córtex pré-frontal, que age como um centro executivo da mente. Essa é a parte do cérebro que nos permite resistir às distrações, inibir os impulsos prejudiciais, postergar a gratificação na busca de nossas metas, ficar preparados para aprender e manter o foco em nossas metas.

Um livro influente chamado *Uma questão de caráter* discute o valor da "determinação".[2] Ter determinação significa ser capaz de identificar um objetivo na vida e se manter em busca desse objetivo, mesmo em face de reveses e dificuldades. A determinação, como é de esperar, mostra-se um fator primordial para o sucesso. É uma das muitas competências que, do ponto de vista da função cerebral, é baseada no controle cognitivo.

Há um bônus inesperado em fortalecer o controle cognitivo de uma criança. O cérebro usa os mesmos circuitos que nos ajudam a focar em um objetivo para lidar com as emoções destrutivas. Quando ajudamos uma criança a otimizar seu controle cognitivo, estamos ajudando-a a fortalecer um amplo leque de competências vitais. Esses efeitos de transbordamento [*spillover effects*] ajudam a contornar uma série de comportamentos problemáticos que de outro modo tentamos administrar por meio de regras, sanções e advertências. Embora todos nós necessitemos de tais diretrizes éticas, esperar que elas sejam suficientes quando uma criança não desenvolveu o controle cognitivo é um pouco como fechar a porta do estábulo depois que o cavalo fugiu.

Para ilustrar os benefícios do controle cognitivo, imagine que você tem quatro anos de idade e está sentado diante de uma mesa com um delicioso marshmallow em cima dela. Você pode comer o doce imediatamente, se quiser — mas lhe dizem que se puder esperar alguns minutos, vai ganhar outro marshmallow. Esse foi o dilema das crianças que participaram do "teste do marshmallow", um famoso experimento em psicologia sobre a importância do controle cognitivo. Ele foi realizado na Universidade Stanford, na década de 1970, por um psicólogo chamado Walter Mischel, com as crianças que frequentavam uma pré-escola no campus.[3]

Ele descobriu que se uma criança simplesmente ficasse olhando para o marshmallow, muito provavelmente o comeria ali mesmo. Mas se a criança encontrasse um modo de se distrair, estaria mais apta a esperar e obter dois marshmallows mais tarde. As maneiras como as crianças bem-sucedidas se distraíam incluíam, por exemplo, cantar ou falar consigo mesmas. No decorrer de muitos anos, Mischel ensinou às crianças modos de desviar a atenção do doce tentador — por exemplo, imaginar uma moldura em torno dele, como se fosse um retrato em sua mente, ou lembrar a si mesmas os dois marshmallows que ganhariam se esperassem.

Uma descoberta surpreendente veio à luz catorze anos depois do teste, quando um grupo dessas crianças foi monitorado no momento em que se formava no ensino médio. Os pesquisadores compararam os indivíduos que aos quatro anos pegaram o marshmallow imediatamente com os que esperaram pelo segundo, e descobriram que estes últimos ainda eram capazes de focar em seus objetivos, inibir distrações e administrar adequadamente os impulsos prejudiciais. Mas aqueles

O FOCO TRIPLO

que aos quatro anos foram incapazes de esperar por um segundo marshmallow aos dezoito anos ainda tinham dificuldade em postergar a gratificação na busca de suas metas.

Mas a surpresa veio de suas notas no SAT, à época um fator crucial para admissão na faculdade: as crianças que esperaram superaram as demais em 210 pontos (de um total possível de 1600 pontos). Essa margem é maior do que a diferença entre crianças cujos pais não possuem instrução além da escola primária e crianças vindas de famílias cujos pais têm curso superior. Mesmo entre essas crianças ligadas à prestigiosa Universidade Stanford, a força de seu controle cognitivo influenciou seu futuro sucesso acadêmico mais do que o QI ou o grau de escolarização dos pais.

Anos mais tarde, alguns indivíduos ainda se lembravam do teste do marshmallow. O que não sabemos, é claro, é se essa experiência em si agiu como uma intervenção, ensinando às crianças que compensa esperar!

Um estudo mais recente feito em Dunedin, Nova Zelândia, atesta de forma veemente esse argumento.[4] Os pesquisadores acompanharam cada criança nascida na cidade no decurso de um ano, totalizando mais de mil crianças. Quando tinham entre quatro e oito anos de idade, os pesquisadores as testaram rigorosamente a cada série escolar (inclusive com o teste do marshmallow, aos quatro anos) para identificar seu controle cognitivo. Depois as monitoraram após os trinta anos e descobriram que os indivíduos que haviam revelado melhor controle cognitivo na infância estavam em melhor situação financeira e eram mais saudáveis do que aqueles que não se saíram muito bem nos testes. Essa competência se revelou notavelmente poderosa para prever o sucesso na vida — mais do que o QI infantil ou o status socioeconômico da família.

Significativamente, as crianças que conseguiram no decorrer daqueles quatro anos reforçar seu controle cognitivo terminaram se saindo tão bem quanto as que já começaram em um bom nível. Além disso, ao longo de uma infância saudável o controle cognitivo tende a se fortalecer. Contudo, apontaram os pesquisadores, se essa é uma habilidade passível de ser aprendida e que pode ser otimizada pelas lições corretas, por que não propiciar essa vantagem a todas as crianças?

A mensagem central para as escolas é que poderíamos estar ensinando as crianças a otimizar seu controle cognitivo. Em certo sentido, essa competência se resume a determinar até que ponto você é capaz de prestar atenção — e a atenção é uma habilidade mental que pode ser ampliada e cultivada. Há muitas maneiras de fazer isso.

Por exemplo, crianças em idade pré-escolar aprendem vorazmente ao observar pessoas à sua volta, modelando o próprio comportamento no que veem as pessoas fazer — pais, irmãos ou mesmo outras crianças (sobretudo mais velhas). Tudo na vida de uma criança pequena é um modelo para aprendizagem.

A equipe responsável pelo programa de tevê *Vila Sésamo* tinha plena consciência do poder da modelagem entre seu público de crianças pequenas. Quando visitei o Sesame Workshop, onde o programa é criado, fiquei gratamente surpreso com sua sofisticação científica: todos os roteiristas estavam em uma reunião com cientistas cognitivos. Todos os episódios de *Vila Sésamo* são baseados na ciência do desenvolvimento infantil disfarçada de entretenimento.

A equipe da produtora me contou sobre um episódio que haviam acabado de desenvolver, destinado a reforçar o controle cognitivo. Era chamado "The Cookie Connoisseur Club" [O Clube do Conhecedor de Biscoitos]. Alan, o dono da loja na Vila Sésamo, decidira fundar um clube do biscoito e, é claro, o Come-Come estava louco para participar. Mas, como Alan lhe explicou, se a pessoa

FOCANDO EM NÓS MESMOS

quisesse entrar para o clube, teria de conseguir pegar um biscoito e não devorá-lo logo de uma vez. Em vez disso, era preciso primeiro observar se o biscoito tinha alguma imperfeição. Depois cheirá-lo. E depois dar uma mordiscada. Come-Come fracassou no teste logo de primeira.

A equipe de redatores de *Vila Sésamo* na verdade buscou para esse episódio a consultoria de Walter Mischel, o psicólogo por trás do teste do marshmallow. Mischel recomendou que Alan dissesse ao Come-Come para ter em mente que se conseguisse esperar e apenas mordiscar seu biscoito, receberia mais tarde muito mais biscoitos no clube. Funcionou. Com essa lição, eles estavam modelando o controle cognitivo de crianças em idade pré-escolar.

No entanto, outra maneira de cultivar o controle cognitivo das crianças vale-se de tecnologia mais avançada, na forma de um video game chamado *Tenacity*, em desenvolvimento na Universidade de Wisconsin. O jogo é destinado a uma ampla faixa etária, porque ajusta o nível de dificuldade à capacidade da criança. Nele, você está caminhando por uma cena no deserto, por exemplo, e a cada vez que exala o ar, dá uma pequena batida na tela. Na quinta exalação, bate duas vezes, e se fizer isso corretamente, vê flores nascendo no solo desértico, como recompensa. Experimentei o jogo com meus netos quando tinham entre seis e treze anos, e eles adoraram. *Tenacity* ajuda as crianças a cultivar o foco. À medida que o usuário fica mais proficiente no jogo, o nível de dificuldade aumenta, de modo que ele ou ela pode melhorar cada vez mais essa ferramenta mental.

Todas essas são formas diferentes de cultivar o controle cognitivo. Hoje em dia há inúmeras escolas pioneiras nas quais as crianças aprendem métodos semelhantes de treinar a atenção. A pesquisa revela benefícios como concentração ampliada e maior resistência a distrações, bem como diminuição da ansiedade.

Por ser um elemento tão essencial em ajudar as crianças a gerenciar melhor seu mundo interno e a reforçar a aprendizagem, esse treinamento em atenção parece o próximo passo óbvio para a ASE. As crianças devem aprender a prestar atenção à própria atenção.

PARTE 3

Sintonizando com outras pessoas

Daniel Goleman

Empatia e sucesso acadêmico

A aprendizagem social e emocional complementa a vivência acadêmica — a soma das duas coisas é a educação integral da criança. Examinamos as competências de autodomínio que proporcionam às crianças resiliência na vida e no aprendizado, e que lhes servirão para perseguir seus objetivos a despeito dos reveses. Mas a segunda parte da ASE diz respeito ao foco em outras pessoas.

Esta é a base da empatia — compreender como o outro se sente e seu modo de pensar acerca do mundo —, junto de habilidade social, cooperação e trabalho em equipe. No mundo profisional, essas competências são vistas entre os melhores membros de equipe, bons cidadãos organizacio-

SINTONIZANDO COM OUTRAS PESSOAS

nais e líderes eficazes. Mas essas aptidões adultas estão enraizadas no que aprendemos quando crianças.

A base da neurociência para esse foco nos outros é estudada em uma área da pesquisa cerebral relativamente nova — a neurociência social. Esse campo ilumina os circuitos envolvidos nas interações. Isso inclui, por exemplo, "neurônios-espelho", que são ativados em nosso cérebro com base no que vemos em outra pessoa — seus movimentos, suas emoções e até suas intenções. Esses neurônios, e os muitos outros circuitos orquestrados no cérebro social, criam uma sintonia interior — uma sensação imediata acerca do que está acontecendo que mantém nossas interações livres de perturbações. Como os circuitos da autoconsciência e da autogestão, esses circuitos sociais se desenvolvem durante a infância, nos proporcionando as ferramentas internas para a empatia e a habilidade social.

Quando se trata de foco no "outro", um ponto ainda ausente nas escolas — mesmo na maioria que ensina a ASE — é ajudar as crianças a cultivar o carinho e a compaixão. Não é suficiente apenas saber como as outras pessoas pensam ou se sentem; também precisamos mostrar preocupação com elas e estar prontos para ajudar. Acho que essa é uma habilidade crucial na vida, tanto para crianças como para adultos, e a inclusão dela na ASE seria um importante próximo passo para as escolas.

Em um estudo clássico feito anos atrás no Seminário Teológico de Princeton, estudantes de teologia eram instruídos a dar um sermão experimental pelo qual seriam avaliados. Cada aluno recebeu um tópico da Bíblia. Metade deles recebeu o tema do Bom Samaritano, o homem que parava para ajudar um estrangeiro necessitado na beira da estrada. A outra metade recebeu temas bíblicos aleatórios. Após algum tempo de preparativos, um de cada vez se dirigia a outro prédio para fazer seu sermão. Quando caminhavam de um prédio para o seguinte, passavam por um homem curvado e gemendo, em claros sofrimento e necessidade. Os pesquisadores queriam saber se os alunos parariam para ajudar. E, ainda mais interessante, se fazia diferença o fato de estarem refletindo sobre a parábola do Bom Samaritano ou não.

Como se viu, o que mais importou foi até que ponto acreditavam estar sob a pressão do tempo — e de certo modo isso é verdadeiro para muitos de nós. Temos nossas listas de coisas para resolver, recebemos cada vez mais e-mails e outros recados eletrônicos, numa escala nunca antes vista na história humana. A pergunta é: até que ponto estamos longe de notar o outro — sem sintonia, sem empatia, sem estarmos preocupados se a pessoa tem algum problema? E, também, qual a probabilidade de que realmente ajudemos? Acho que a chave para demonstrar compaixão — ser uma criança ou um pai amoroso, ou mesmo um colega de trabalho ou cidadão — é estar em sintonia com os problemas que as pessoas estão enfrentando e se mostrar disposto a fazer alguma coisa a respeito.

Claro que não basta simplesmente ficarmos liberados de nossas listas de coisas para fazer e de outras preocupações. A chave para a compaixão é estar predisposto a ajudar — e isso pode ser ensinado.

Há um movimento escolar ativo em educação do caráter e ética de ensino. Mas creio que não basta fazer as crianças simplesmente aprenderem sobre virtuosidade ética, porque precisamos incorporar nossas crenças éticas agindo com base nelas. Isso começa pela empatia.

Há três espécies principais de empatia, cada qual envolvendo conjuntos distintos de circuitos cerebrais. A primeira é a empatia *cognitiva*: compreender como as outras pessoas veem o mundo, como pensam a respeito dele e compreender suas perspectivas e seus modelos mentais. Isso nos permite pôr as coisas que temos a dizer de maneiras que o outro compreenda melhor. A segunda é a empatia *emocional*: uma conexão cérebro a cérebro que nos proporciona uma percepção interior instantânea de como as outras pessoas se sentem — percebendo suas emoções de momento em momento. Isso possibilita a "química" em nossas relações com as pessoas.

Essas duas são muito importantes, é claro; são fundamentais para nos darmos bem com os outros, mas não necessariamente suficientes para que nos importemos com eles. A terceira é chamada, tecnicamente, de *preocupação empática* — que naturalmente leva à ação empática, como a do Bom Samaritano, alguém que está sintonizado e para com a intenção de ajudar. Ao contrário dos outros dois tipos de empatia, essa variedade está baseada nos antigos circuitos mamíferos de gostar e cuidar, e alimenta essas qualidades.

Esse último tipo de empatia fornece a base para o que foi chamado de uma "classe afetuosa", em que o professor incorpora e demonstra bondade e preocupação com seus alunos, além de encorajar a mesma atitude da parte deles. Uma cultura de sala de aula como essa proporciona a melhor atmosfera para o aprendizado, tanto cognitivo como emocional. A aprendizagem de modo geral prospera melhor numa atmosfera de calor humano e apoio, em que existe sensação de segurança, de que estamos sendo apoiados e amados, em um ambiente de proximidade e conexão.[5] Em uma situação como essa o cérebro das crianças alcança mais prontamente o estado de eficiência cognitiva ideal — e de interesse mútuo.

Tal ambiente tem particular importância para as crianças sob maior risco de se desencaminharem em suas vidas por causa de experiências anteriores de privação, maus-tratos ou negligência. Estudos sobre esse tipo de crianças de alto risco que terminaram alcançando o sucesso — que são resilientes — revelam que em geral a pessoa que deu novo rumo à vida delas foi um adulto afetuoso, muitas vezes um professor.

Se você lhes perguntar o que fez diferença, muitas vezes vão dizer que foi o professor que realmente as enxergou, que realmente as compreendeu, que realmente se importou com elas e viu seu potencial. Esse tipo de zelo caridoso e genuíno é importante não só no âmbito da sala de aula, como também de toda a escola. Os administradores precisam se importar com os professores, de modo que estes sintam ter uma base segura. Quando sua base é segura, a mente opera no máximo da capacidade. A pessoa funciona de forma ideal. Pode assumir riscos inteligentes. Pode inovar e ser criativa, sentir entusiasmo, motivação, entrar em sintonia com os demais. A compaixão chega mais facilmente.

Quanto mais preocupados, mais focados em nós mesmos. Ficamos fora de sintonia com as pessoas que nos cercam, fora de sintonia com os sistemas à nossa volta, e só pensamos em nós mesmos. Ser capaz de gerir sua vida interior lhe permite entrar em sintonia com os outros com um interesse genuíno, e funcionar no seu melhor. Isso é verdadeiro para professores, pais, administradores e crianças.

Vários centros de pesquisa dirigem programas que cultivam uma atitude de bondade e preocupação; as universidades Stanford e Emory estão entre eles. O Mind and Life Institute criou uma rede de educadores e pesquisadores (dessas e de outras instituições) para destilar os ingredientes ativos dessa pesquisa e adaptá-los em um currículo para estudantes mais jovens.[6] Eles planejam começar com o primeiro ou o segundo ano e depois introduzir versões apropriadas em termos de desenvolvimento para cada ano sucessivo.

Por exemplo, uma das reflexões orientadas pela qual o professor num programa como esse pode conduzir os alunos é sobre todas as maneiras como as outras crianças são "exatamente como eu". As crianças seriam instruídas a considerar suas mágoas e esperanças comuns, seus medos e sua raiva, sua bondade e a necessidade de serem amadas. Uma visão tão ampliada de como os outros se sentem e veem o mundo age como antídoto a uma visão unidimensional das demais crianças, capaz de levar a estereótipos ou bullying.

Um apelo: esses são métodos empiricamente testados; assim, esse programa para cultivar a compaixão deve ser o mais moderno possível. Ajudar as crianças a cultivar sua capacidade de sentir compaixão e preocupação com o outro — de agir com empatia — será provavelmente o próximo grande passo para a ASE.

Treinando tomadores de decisão inteligentes

Uma classe de alunos do segundo ano faz um brainstorming para responder à pergunta que a professora propôs: "Qual a melhor maneira de reagir se você achar que um colega pegou seu lápis de cor? O que melhoraria e o que pioraria a situação?".

Acusar, decidem eles, iria piorar as coisas. Perguntar se o colega pegou o lápis poderia melhorar.

E dali por diante prosseguiram numa série de maneiras de lidar com a situação, avaliando os resultados para melhor ou para pior de cada uma.

O quarto ano usou o mesmo método de brainstorming para considerar um diferente dilema: "O que você faria se tivesse um papel na peça da escola, mas estivesse com medo de subir no palco?".

E no oitavo ano a pergunta foi: "O que você faria se seus amigos o pressionassem para usar drogas? Como poderia dizer não e continuarem amigos?".

Questões como essas são de uma urgência crucial na vida dos alunos, e as respostas têm enorme importância. Ser capaz de pensar em modos de agir diante desses dilemas e ponderar sobre uma série de possibilidades para encontrar a melhor resposta constitui a base da tomada de decisão eficaz ao longo da vida.

Ajudar as crianças a aprender a tomar boas decisões é a quinta meta da ASE, e ela é construída sobre os alicerces lançados por melhores autoconsciência e autodomínio — que permitem pensar com clareza — e pela empatia e a habilidade social, que nos sensibilizam a respeito de como os outros se sentem. E, como veremos, boas decisões são auxiliadas por uma melhor compreensão dos sistemas envolvidos — isso acrescenta mais um ingrediente fundamental às decisões confiáveis.

SINTONIZANDO COM OUTRAS PESSOAS

Tecnologia e ASE

Habilidades humanas básicas, como tomada de decisão e empatia, talvez enfrentem hoje mais desafios do que nunca, em parte por causa da atração exercida pelos dispositivos eletrônicos. Consideremos as mensagens de texto e o e-mail, que hoje podem constituir ambientes particularmente arriscados para a juventude. Os circuitos sociais e emocionais do cérebro têm problemas quando estamos on-line porque nosso projeto neurológico espera interações frente a frente, não um e-mail. Quando olho para você, parte do meu cérebro está instantaneamente interpretando milhares de mensagens, e ele me diz o que fazer em seguida para manter a interação operando de acordo. Pela internet não recebo esse feedback.

E por não haver feedback, ocorre um fenômeno chamado "cyber-desinibição". Quando leio seu e-mail, há ausência de mensagens sociais chegando, à parte o texto em si, de modo que meu cérebro social não informa aos circuitos emocionais como interagir apropriadamente. Cyber-desinibição significa que suas emoções saem do controle: se você está com raiva, de repente pode romper com o namorado ou a namorada em uma mensagem de texto. Isso é um sequestro emocional — digitar furiosamente uma mensagem e acionar o ENVIAR para só então pensar, *Ai, meu Deus, o que foi que eu fiz?* Ou você envia uma mensagem cruel, escrevendo algo injurioso — algo que jamais diria frente a frente, porque seu cérebro social o ajudaria a ajustar sua resposta à reação da pessoa.

O antídoto aqui seria uma combinação de consciência atenta e preocupação empática — fazendo uma pausa antes de enviar uma mensagem on-line para criar empatia com a pessoa que vai recebê-la e considerar como essa pessoa vai se sentir ao ler a mensagem (e se for tarde da noite e você estiver exausto, não envie na hora. Tenha uma noite de sono — essa é a pausa — e depois leia de novo a mensagem do ponto de vista de quem vai recebê-la, antes de enviar, adicionando um pouco de empatia).

Uma das questões que surgem no horizonte é como a ASE vai se relacionar com as tecnologias da educação emergentes. Por um lado, há algumas preocupações acerca de como essas tecnologias alteram nossa capacidade de focar na tarefa em mãos e uns nos outros. Em outras palavras, a tecnologia educacional vai ser um empecilho para o cultivo da inteligência emocional? Por outro

SINTONIZANDO COM OUTRAS PESSOAS

lado, essas tecnologias talvez abram caminho para novas possibilidades positivas para o ensino da própria ASE.

Há um paradoxo quando o assunto é ASE: a tecnologia pode afastar a pessoa do processo. Não existe interação entre aluno e professor; em vez disso, há uma interação entre aluno e tela. Contudo, parte dos problemas que os jovens começam a enfrentar — e que podem se agravar no futuro — deve-se ao fato de passarem muito tempo se relacionando com telas, não com pessoas. As habilidades humanas para compreender a si mesmo, lidar com nosso mundo interno ou criar empatia e alcançar a compaixão sempre foram ensinadas em ambientes físicos, interativos (também conhecidos como vida). Esse é o currículo da ASE original que historicamente adquirimos fora da sala de aula, apenas por viver *a vida*.

Portanto, as lições da ASE são mais bem ensinadas de uma pessoa para outra: com os colegas de estudos, com seu professor, com sua família. A tradução disso para formatos tecnológicos deve ser feita com muito cuidado e é improvável que se substituam completamente as interações humanas de que os jovens necessitam.

Mas Peter Senge ajudou-me e ver o outro lado da moeda, em que a tecnologia e a ASE podem se complementar de maneiras que façam um sentido coerente. Como Peter observou:

> A tecnologia pode nos capacitar a fornecer um aprendizado de alta qualidade, baseado no conteúdo, a partir de ofertas on-line cada vez mais qualificadas. Se isso for feito da maneira correta, poderemos usar a sala de aula de forma bem diferente. Tenho certeza de que a primeira coisa que você vai ouvir dos professores interessados na ASE é: "Como eu arrumo tempo? Sabe como é, já tenho matéria demais para enfiar na sala de aula".

Bem, se você está usando a tecnologia para obter cada vez mais conteúdo e habilidades básicas fornecidas fora da sala de aula, pode reinventar a sala. Os jovens chegam e conversam sobre seus projetos. E podem se reunir e trabalhar em seus projetos. É possível de fato transformar a sala de aula. Acho que cada vez mais educadores percebem a imensa sinergia potencial aqui.

Como Peter também comentou comigo, se você está usando a tecnologia para obter cada vez mais habilidades e conteúdos acadêmicos básicos, pode reinventar o conceito de educação escolar. Você tem uma melhor disponibilidade, o que lhe dá mais espaço para desenvolver habilidades de

ASE (e, como veremos, pensamento sistêmico). Claro, a tecnologia ainda é muito nova e sempre há resistência e desconfiança.

Minha esperança é que ensinar uma boa parte de temas acadêmicos padrão por meio da tecnologia acrescentará ao dia um tempo livre que os professores poderão usar para ajudar os alunos com estes três tipos de foco: autoconsciência, foco nos outros e compreensão de sistemas mais amplos e de como eles se aplicam a nossas vidas. Graças a essa conversa com Peter, mudei de ideia: hoje sou um grande defensor da tecnologia e do aprendizado... apenas não para o ensino da ASE! Acredito que isso se faz melhor de pessoa para pessoa.

Identificando sistemas

Isso nos leva ao nosso terceiro foco: consciência sistêmica. Os sistemas operam por toda parte. A família é um sistema, a escola é um sistema, o parquinho é um sistema. Toda organização opera como um sistema, embora talvez não percebamos isso. Mesmo assim, podemos aprender quais são as dinâmicas dos sistemas e nos tornar mais conscientes de como somos moldados por eles — e, de nossa parte, os moldamos.

Talvez o maior problema sistêmico enfrentado por nós seja o "Dilema do Antropoceno". Os geólogos chamam nossos tempos de "Era Antropocênica", em referência ao fato de que, pela primeira vez na história, as ações de uma espécie, os humanos, são hoje parte de como todo o sistema da Terra funciona. E o mais importante, os sistemas de suporte de vida para o planeta estão se degradando pouco a pouco pelos efeitos colaterais impensados de nossas ações. Essa degradação provocada pelos humanos começou com a Revolução Industrial e vem se acelerando nos últimos cinquenta anos.

Do ponto de vista científico, o dilema é o seguinte: nossos cérebros foram desenhados para sobreviver em eras geológicas mais antigas, não na nova realidade do Antropoceno. O sistema de alarme de nosso cérebro nos desperta apenas quando percebe uma ameaça imediata, e as mudanças atuais nos sistemas do planeta são macroscópicas demais ou microscópicas demais para nossos sistemas perceptivos. Como não percebemos imediatamente as consequências negativas de nossos hábitos diários em maior escala — como nossos sistemas de construção, energia, transporte, habitação, indústria e comércio prejudicam os sistemas de suporte à vida do planeta —, é fácil simplesmente ignorá-los ou fingir que não estão acontecendo.

Eu adoraria ver um ensino que incluísse algum entendimento disso, de modo que os jovens crescessem tomando decisões melhores do que as da presente geração de adultos. Atualmente, negligenciamos as escolhas que precisamos enfrentar em grande parte porque essas decisões são moldadas pelos sistemas criados por nós e que operam nossa vida cotidiana. Para tomar melhores decisões, devemos primeiro ver e pensar sobre esses sistemas.

Vejamos o caso de Mau Paulig, que nasceu numa pequena ilha no Pacífico Sul, na década de 1930. Paulig foi o último "navegador astronômico" vivo. Ele aprendeu com seu pai e com uma série de outros mestres em navegação astronômica como pilotar uma canoa de *outrigger* desde, digamos, o Taiti até o Havaí sem auxílio de nenhum instrumento de navegação artificial. Em vez disso, interpretava as placas de sinalização da natureza: os ventos, as nuvens, as algas, os peixes, os cheiros. Grande parte do que ele era capaz de perceber informava algo importante que ele podia comparar com os demais sinais para saber aonde estava indo.

Alguns anos antes de morrer, Paulig teve oportunidade de passar seu conhecimento para um grupo de polinésios mais jovens que eram parte de um renascimento cultural no Pacífico Sul. Se ele tivesse morrido sem ter feito isso, seu conjunto de habilidades especiais teria desaparecido. Assim, sobreviveu.

Podemos estar enfrentando uma situação bem análoga com nossos filhos. Acho que temos de preservar habilidades humanas básicas de autoconhecimento, de gerir nós mesmos, de sintonia com outras pessoas, de trabalhar bem juntos e de compreender os sistemas mais amplos em que operamos. Tecnologias sofisticadas não substituirão essas habilidades, embora tenham o potencial de aumentá-las se tivermos a sabedoria de moldá-las para tanto.

Com uma compreensão mais profunda dos sistemas, alicerçados em zelo e afeto, os estudantes de hoje enfrentarão a vida com maior preparo para tomar decisões que sejam boas para eles, benéficas para os outros e úteis para o planeta.

PARTE 4

Compreendendo o mundo mais amplo: pensamento sistêmico & inteligência sistêmica

PETER SENGE

Como Dan [Daniel Goleman] observou, onde quer que estejamos somos sempre parte de algo maior, tanto no caso de crianças brincando em um parquinho como de adultos tentando construir uma empresa, escola ou empreendimento social de sucesso. Por exemplo, Dan comentou sobre a importância da implementação efetiva na determinação do impacto de programas de ASE em crianças e professores. Mas o que é "implementação efetiva" senão a coordenação efetiva de objetivos e atividades entre um grande número de pessoas?

Para a ASE ser bem-sucedida, precisamos de um currículo bem elaborado e exequível — mas precisamos também de estruturas de apoio, como um bom treinamento para ajudar os professores a desenvolver novas habilidades, um bom treinamento para traduzir essas habilidades em ambien-

COMPREENDENDO O MUNDO MAIS AMPLO

tes de sala de aula exigentes e redes de pares [*peer networks*] fortalecidas de professores para se ajudarem mutuamente ao longo do caminho. Além do mais, nada disso tem a probabilidade de criar raízes a menos que a cultura global e as prioridades da escola estejam alinhadas. Por exemplo, será que os professores e administradores estão ficando melhores em trabalhar juntos e resolver seus conflitos em vez de apenas disfarçá-los ou esperar que o "chefe" (isto é, o diretor) os resolva? Em resumo, a implementação eficaz, inescapavelmente, é um problema sistêmico!

E, como Dan também nos lembra, estamos sempre atuando no meio de sistemas biológicos e sociais mais amplos. A escola utiliza energia e grandes quantidades de insumos materiais, desde comida e embalagens a livros e computadores. Como essa energia é gerada (fontes fósseis ou renováveis) e o que acontece com todas as "coisas" depois que ela é utilizada (recicladas ou despejadas em aterros sanitários) afeta os sistemas vivos em nível local e além. Aprender a enxergar e melhorar esses sistemas também pode ser uma dimensão animadora e relevante de todo o processo educacional.

A interdependência não é uma característica exclusiva da economia global de hoje. A natureza está continuamente em fluxo e é infinitamente interligada, como toda sociedade nativa e agrícola bem sabe. Nossa espécie evoluiu no âmbito dessa interdependência. Desse modo, faz sentido pensar que dispomos de algumas capacidades inatas para compreender a interconectividade, e que culturas que perduraram por longos períodos de tempo compreendem isso. Assim como nossa necessidade de caçar e evitar ser caçado desenvolveu os circuitos cerebrais para nos alertar sobre súbitas ameaças em nosso ambiente, estamos também sintonizados à sutil interação entre ciclos naturais de longo prazo, mesmo que essa capacidade esteja amplamente subdesenvolvida na sociedade moderna.

Nossa inteligência sistêmica inata bem como nossas capacidades inatas de compreender o eu e o outro precisam ser cultivadas. Por milênios, nosso "professor" em compreender sistemas foi o mundo vivo. Aprender a caçar significava aprender a interpretar os inúmeros sinais da floresta. Aprender a cultivar o alimento significava aprender meios de manusear o solo e a água, e trabalhar segundo o fluxo e o refluxo dinâmicos das estações. E, como a história de Mau Paulig não nos deixa esquecer, aprender a ser um navegador astronômico significa aprender tipos de conhecimento que poucos de nós na sociedade moderna podem sequer apreciar. Essa compreensão dos sis-

COMPREENDENDO O MUNDO MAIS AMPLO

temas da natureza lançaram os alicerces para compreendermos os sistemas sociais. Como muitas culturas americanas nativas dizem: "Nossa primeira relação é com a Mãe Terra; todas as demais relações são moldadas por ela".

O que é particularmente empolgante hoje é que duas décadas de pesquisa aplicada e prática educacional inovadora estão começando a revelar a profundidade e a robustez dessa inteligência sistêmica nativa. Não só o desenvolvimento da inteligência sistêmica é exequível, como também parece estar ligado às duas outras inteligências que exploramos aqui. Embora a pesquisa cerebral correspondente esteja atrasada nesse aspecto para a compreensão do eu e do outro, é razoável conjecturar que as mesmas capacidades de lidar com nossa atenção possibilitem todas as três. Assim como a percepção do perigo gera adrenalina e foca a atenção em possíveis fontes imediatas de ameaça, a capacidade de diminuir o ritmo e ficar mais consciente de nosso ambiente mais amplo — interno e externo — se desenvolve quando nos sentimos seguros e aprendemos a acessar uma consciência mais holística do momento presente.

Hoje, muitas escolas estão demonstrando de que maneira, com simples ferramentas e pedagogia inovadora, essa inteligência sistêmica vastamente não utilizada pode ser liberada. Isso não só enriquece a atenção da ASE para o eu e o outro, como também se estende naturalmente a uma compreensão mais profunda dos sistemas subjacentes a uma variedade de assuntos acadêmicos, de física e química a história e estudos sociais. Quando bem realizado, o cultivo de nossas capacidades para o pensamento sistêmico também reforça a sensação de eficiência de um aluno em lidar com a multiplicidade de desafios sociais e ambientais que enfrentamos hoje.

Complexidade dinâmica

Um dos primeiros desafios que todos enfrentamos para compreender um sistema surge do modo como causa e efeito, ação e consequência podem estar conectados de maneiras não óbvias. Como jovem estudante de engenharia, fui apresentado ao giroscópio como um exemplo arquetípico de complexidade dinâmica. Esse dispositivo relativamente simples, com suas rodas giratórias interconectadas, parece bastante descomplicado. Mas quando você empurra uma das rodas para baixo, ela pode na verdade se mover para a esquerda, e quando você a empurra para a direita, ela pode rodar para cima.

Isso tudo ocorre em virtude das consequências contra-intuitivas das leis do movimento giroscópico, um caso particular dos princípios mais gerais do momento angular. Na verdade, a maioria de nós descobriu essas leis em primeira mão ao aprender que para conseguir andar de bicicleta precisamos acelerar e virar na direção em que nossa bicicleta está caindo — exatamente o oposto do que havíamos aprendido quando começamos a andar, diminuindo o passo e inclinando o corpo em direção oposta à da queda iminente. Na verdade, a causalidade não óbvia da complexidade dinâmica está a toda a nossa volta.

Considere o efeito confuso que os *delays* têm na nossa compreensão das relações sociais. Uma ilustração poderosa me ocorreu quando nossos filhos eram bem pequenos, em uma pré-escola do MIT. Voltando para casa certo dia, um deles disse: "Fulano é chato". Ficamos surpresos porque apenas alguns dias antes "fulano" era um amigo. Quando fizemos essa observação, ele respondeu: "Não, ele é chato". Quando tentamos compreender essa súbita guinada na realidade de nosso filho, descobrimos, é claro, que havia um motivo — sempre há um motivo. O que aconteceu foi que a outra criança jogara areia em seu rosto ou fizera alguma coisa que o deixou com raiva quando esta-

O FOCO TRIPLO

vam brincando. Não consigo me lembrar de todos os detalhes após tantos anos, mas lembro que nosso filho era incapaz de ver qualquer relação entre esse infeliz rumo dos acontecimentos e as próprias ações. O fato de que dissera alguma coisa dias antes e magoara os sentimentos dessa criança, ou que deixara de compartilhar algo quando deveria tê-lo feito, fora esquecido havia muito tempo no momento em que o outro o agrediu. Assim, o fato de que o menino apenas retribuíra na mesma moeda por causa de seus sentimentos feridos era inconcebível para nosso filho. Isso foi uma pequena introdução ao impacto dos *delays* nos relacionamentos humanos. Sem perceber, magoamos os sentimentos alheios com nossas ações — e as consequências disso só se tornam evidentes mais tarde. E então o *delay* obscurece nossa compreensão de como somos parte da criação do próprio problema ao qual reagimos posteriormente.

A primeira vez que percebi o modo como professores inovadores estavam abordando a complexidade dinâmica ocorreu quando minha esposa, Diane, e eu visitamos o ensino fundamental de uma escola pioneira no pensamento sistêmico em Tucson, Arizona, vinte anos atrás. O que estava por trás da escola era uma dessas maravilhosas coincidências que moldam a história. Por mero

COMPREENDENDO O MUNDO MAIS AMPLO

acaso, um antigo reitor da faculdade de engenharia no MIT, que se aposentara e morava mais acima na rua, passou por lá um dia e disse: "Vocês deviam estar ensinando o pensamento sistêmico em sua escola". Acontece que esse senhor, Gordon Brown, famoso na história do ensino de engenharia por ser um pioneiro no currículo de engenharia baseado em ciência do MIT, na década de 1930 também era o mentor de meu próprio mentor, Jay Forrester, que inventou o método da "dinâmica de sistemas" no qual fui treinado. Quando fizemos uma visita, cerca de cinco anos após Gordon ter aparecido por lá pela primeira vez, vimos o pensamento sistêmico e as abordagens de aprendizagem organizacional a ele associadas integrados à maioria das aulas, bem como à administração da escola. Até onde sei, ninguém jamais fizera tal coisa — e ainda hoje há vários líderes nacionais nesse campo que começaram nessa mesma escola.

Chegamos na verdade a entrar numa aula de ciências do oitavo ano naquele dia e imediatamente notamos uma coisa estranha — não havia professor na sala. Soubemos que dois alunos estavam enfrentando dificuldades com uma pesquisa na biblioteca (sim, essa era uma época em que você ia à biblioteca para fazer sua pesquisa!) e o professor tinha ido com eles para ajudar. A primeira coisa que nos surpreendeu foi algo que não estávamos vendo. Tratava-se do oitavo ano — uma sala com cerca de trinta adolescentes de mais ou menos catorze anos e sem professor. O que se esperaria ver? O caos, certo? Mas os alunos pareciam nem se dar conta de que não havia professor entre eles. Como descobrimos, estavam todos trabalhando em um projeto de um ano para planejar um novo parque em construção na região norte da cidade. O que víamos aonde quer que olhássemos eram alunos sentados em grupos de dois ou três diante de seus novos computadores Macintosh, trabalhando com um programa que o professor havia desenvolvido. Aquilo não era uma atividade extracurricular. Era parte do currículo de ciências no oitavo ano! Todo o conteúdo de ciências no oitavo ano, bem como muitas outras coisas, estava entremeado a um projeto da vida real, que culminaria nas recomendações deles sendo entregues aos funcionários encarregados do parque, no fim do ano. Claramente, o processo todo estava sendo muito atraente para os alunos.

Até que ponto isso era verdade, descobrimos quando dois meninos nos pediram ajuda para resolver uma questão. Eles estavam trabalhando em opções alternativas para dispor trilhas no parque. Um menino queria pôr as trilhas em tal e tal lugar, mas o outro discordava. O plano do primeiro menino passaria por algumas belas áreas e, de acordo com o modelo da simulação, propiciaria maior volume de pedestres passeando e, assim imaginava ele, maior receita. Mas havia um antigo cemitério perto do lugar, argumentou o outro menino. E, mesmo que maior receita pudesse ser obtida a curto prazo, esse plano de trilhas poderia definitivamente ofender algumas pessoas. Talvez acabasse até por levar a uma reação contra o parque, raciocinou ele, inclusive a uma possível perda de receita, em longo prazo. Assim, lá estavam eles se batendo com a complexidade dinâmica de um problema bem real e descobrindo o que, atualmente, os educadores sistêmicos chamam de dois "Hábitos de um Pensador Sistêmico". Um pensador sistêmico:

1. Reconhece o impacto dos *delays* ao explorar relações de causa e efeito.
2. Descobre onde afloram as consequências involuntárias.

Essa classe de ciências hoje me vem à lembrança particularmente porque foi a primeira de tantas salas de aula sistêmicas que visitei onde eu presenciara as admiráveis inovações em pedagogia que elas incorporaram. O professor de matemática no ensino fundamental Rob Quaden caracteriza, em termos sucintos, o que significa para o professor essa guinada rumo a um modo de pensar sistêmico: "Você apenas começa naturalmente a pensar na sala de aula como um sistema, e quando faz isso percebe que tem uma sala cheia de professores, não só aquele que está de pé lá na frente". As aulas de álgebra de Quaden na oitava série tornaram-se uma espécie de Meca para os educadores de matemática inovadores. Eles as visitam para observar de que maneira ele integra o ensino social, emocional e matemático pelo qual os jovens na maior parte ensinam álgebra uns aos outros. Trabalhando juntos, "os alunos muitas vezes conseguem resolver problemas de modos mais interessantes e profundos do que seria 'esperado' numa abordagem tradicional", acrescenta.

Outra pioneira na pedagogia de pensamento sistêmico, a professora de matemática do ensino médio Diana Fisher, recebeu prêmios por seu trabalho ensinando alunos da nona série ao terceiro ano do ensino médio a desenvolver os próprios modelos de simulação sistêmicos. "A chave é ficar bem aberto ao que os jovens realmente querem compreender e então acreditar que eles têm a capacidade de fornecer insights genuínos para questões complexas sobre as quais realmente se interessam, muito além do que

COMPREENDENDO O MUNDO MAIS AMPLO

você — o professor — pode entender." Ao longo dos anos, os alunos de Fisher desenvolveram as próprias simulações de temas diversos, que iam de transição de energia a difusão de novas tecnologias.[7] Muitos anos atrás, uma das alunas de Fisher queria aprender sobre vício em drogas em razão de dolorosas experiências familiares que testemunhara. Sabendo como era importante o tema da dependência química para vários alunos, Fisher requisitou a ajuda de um professor universitário local, Ed Gallaher, para desenvolver uma sequência de ferramentas de aprendizagem sistêmica aplicadas. Isso começou com um simples modelo de simulação de consumo de drogas que os alunos podiam construir e modificar e que culminava numa simulação de vício em álcool na qual podiam variar o sexo, o peso, o tipo de usuário e outros fatores para estudar um fenômeno que era bastante real para eles.

Alguns anos após o início dessa jornada, assisti a Fisher e Gallaher apresentarem uma conferência de dinâmica sistêmica profissional. Gallaher comparou a compreensão dos alunos de ensino médio com a dos estudantes do segundo ano de medicina para quem ele regularmente dava palestras sobre farmacocinéticos (um ramo da farmacologia que examina como as substâncias adminis-

72

tradas externamente afetam organismos vivos).[8]
Embora os alunos de medicina, afirmou Gallaher, tivessem um conhecimento mais abrangente da terminologia técnica e da literatura, os alunos do ensino médio com treinamento sistêmico mostraram "uma compreensão mais aprofundada e melhor da dinâmica das drogas".

"Meus vinte anos de experiência lecionando ciências e matemática de uma perspectiva sistêmica mostraram-me repetidas vezes", diz Diana, "quanto subestimamos a capacidade dos alunos de ensino médio. A vida toda eles reagiram a adultos que lhes diziam 'Faça desse jeito'. Deixar que construam os próprios modelos os liberta e revela sua inteligência sistêmica. Eles também passaram a reconhecer até que ponto respostas excessivamente simplistas para problemas dinamicamente complexos não apenas são enganosas, como também, com frequência, contraproducentes."[9]

Complexidade social

No mundo dos sistemas sociais, compreender problemas complexos mistura-se a uma segunda camada de complexidade: a presença de diferentes pessoas e grupos que verdadeiramente veem o mundo de forma diferente. Essa complexidade social sempre acontece *pari passu* com a complexidade dinâmica, desafiando nosso desenvolvimento tanto emocional como cognitivo.

O vídeo que uso com maior frequência nos últimos anos mostra três meninos de seis anos sentados em torno de um pequeno diagrama que eles mesmos criaram para representar por que brigavam no parquinho. Eles estão numa das muitas escolas atuais que focam em pensamento sistêmico no início do aprendizado. Querendo encontrar uma solução para um problema muito real, eles um dia voltaram do intervalo e usaram uma ferramenta bem familiar — desenharam a imagem de um círculo de retroalimentação positiva; em seu caso, um círculo vicioso.

O diagrama tem duas variáveis-chave: "palavras maldosas" e "sentimentos feridos", ligadas em um círculo de modo que o crescimento de uma faz crescer a outra. Quando uma professora passou por perto, perguntou se eles podiam explicar o diagrama, e filmou suas explicações com o celular. Tudo foi bem espontâneo — na verdade, muito típico do que acontece nessas escolas.

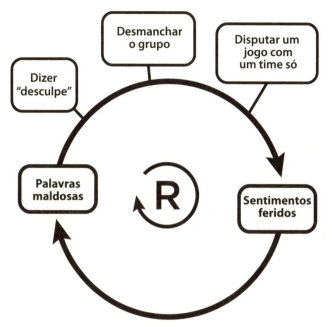

© 2014 Systems Thinking in Schools, Waters
Foundation, www.watersfoundation.org

Um dos meninos começou a falar: "Primeiro, a gente tem palavras maldosas, [depois] sentimentos feridos. Daí acontece uma briga, e a gente tem mais palavras maldosas. Daí temos mais sentimentos feridos e mais palavras maldosas".

Estava claro que os meninos compreendiam a dinâmica de escalada que esse círculo retroalimentador produz.

Outro menino acrescentou: "Pensamos em todos os jeitos de a gente poder quebrar o círculo de retroalimentação. Estes foram riscados [apontando para lugares no diagrama onde desenharam cruzes] porque... não funcionaram de verdade. Dizer 'desculpe' meio que funcionou. Mas não tentamos estes ainda [apontando para outros lugares do círculo]. Então, da próxima vez que começar uma briga, vamos tentar".

Depois de partilharem o que pensavam sobre "onde fica a alavancagem" para romper o círculo vicioso, um menino proclamou de forma entusiasmada: "Se esse círculo de retroalimentação dissesse 'palavras bondosas' e 'sentimentos bons', a gente podia se livrar disso e se livrar disso [apontando para diferentes partes do círculo vicioso retroalimentador], e mudar isso para uma coisa que não seja tão ruim, uma coisa que seja boa".

Esse último comentário fez outro concordar veementemente: "Se fosse um círculo de retroalimentação bom, a gente não teria todos esses problemas".[10]

Mostrei esse vídeo do sistema de palavras maldosas e sentimentos feridos dos três meninos para muitos grupos, e as pessoas o acham incrível. Primeiro, ficam pasmas com a sofisticação conceitual de meninos de seis anos examinando maneiras de intervir em um sistema e procurar mudanças de alta alavancagem. Segundo, expressam surpresa com a maturidade emocional revelada pela capacidade dos meninos de se distanciar de uma situação — na qual suas competências para controle emocional estão sendo claramente desafiadas — e analisar suas opções. Por último, veem que essas crianças transformaram uma situação repleta de emoções complexas de culpa e raiva em outra em que estão trabalhando juntas para encontrar uma solução — exatamente o tipo de trabalho em equipe que os educadores da ASE aspiram a fomentar.

O que poucos notam no vídeo é a sutil guinada de compreensão sobre como realmente efetivar a mudança sistêmica. Obviamente, alguém (como um professor) poderia tentar intervir e impedir as brigas dos meninos apenas lhes dizendo que precisam mudar seu comportamento. Mas a alavancagem, como percebem os meninos, reside na mudança de todo o processo de reforço mútuo das percepções e ações. Para fazer isso, eles devem aprender a refletir nesse todo, externar e testar suas hipóteses, identificar e experimentar diferentes opções, ver o que acontece e continuar no processo de aprendizado. É um processo sofisticado de aprendizado mútuo que envolve mudanças no modo como observam e se comportam, possibilitado por um senso de reciprocidade de responsabilidade por uma situação complexa. No entanto, podemos perceber ao assistir ao vídeo como todo esse entendimento da mudança profunda emerge naturalmente para essas crianças. Quer avaliem ou não o que estão vendo, a relevância do vídeo não passa despercebida das pessoas que o assistem. Invariavelmente, alguém comenta: "Podemos levar este vídeo para Washington e mostrar para os membros do Congresso?".

Ao ver o profundo aprendizado mostrado no vídeo, as pessoas muitas vezes perguntam se isso também seria verdade para crianças típicas, não apenas para alunos superdotados, que a maioria presume ser o caso desses três. Eu então observo que não há nada especial nos três meninos, exceto o que toda criança tem de "especial". Vale notar que a escola frequentada por esses três fica em um ambiente urbano muito pobre, com alta porcentagem de alunos dependentes do programa federal de refeição escolar.

Quando estudantes mais velhos aprendem a apreciar níveis mais elevados de complexidade social, isso não só aprofunda seu entendimento como também acentua sua empatia no contexto de questões sociais muito reais, qualidade tristemente ausente com bastante frequência nos dias de hoje. Alguns anos atrás, estávamos visitando uma escola no Arizona, e um grupo de alunos do segundo ano partilhou conosco seu projeto de fim de ano. Tendo praticado o ano todo os Hábitos de um Pensador

Sistêmico, eles foram convidados a escolher uma questão controversa que abordariam utilizando um dos hábitos, "mudar perspectivas para aumentar a compreensão". Como veríamos, muitos escolheram a controversa nova lei contra a imigração ilegal que obrigava as pessoas a portar documentos que comprovasse sua cidadania e autorizava a polícia a parar indivíduos na rua para pedir sua identidade. Ora, a escola tinha uma elevada porcentagem de alunos hispânicos, então essa é uma questão bem real para os alunos, não só os hispânicos, mas também os americanos, que se preocupavam com seus amigos de origem hispânica e as famílias deles.

Enquanto nosso grupo escutava os alunos partilhando suas ideias, muitos perceberam quantos deles traçavam um arco similar em seu pensamento. Praticamente todos afirmaram que, ao começar o projeto, sabiam exatamente como se sentiam sobre a lei. Sabiam o que estava errado e o que estava certo. Tinham opiniões muito firmes. Depois, saíram em campo e entrevistaram várias pessoas diferentes, e começaram a ver a questão como sendo mais complexa do que haviam inicialmente se dado conta. No fim, ainda tinham suas opiniões, mas podiam ver que havia outros pontos de vista. Eles perceberam que as pessoas podiam ter opiniões fortes que diferiam das deles e não serem loucas.

No fim, o grupo de visitantes ficou bastante comovido com o que havia escutado. Estava claro que aqueles jovens haviam realmente confrontado a complexidade de uma questão bem difícil. Quando saíamos, o primeiro comentário que escutei foi: "A democracia não deveria dizer respeito a isso? A sociedade enfrenta questões genuinamente complexas. Podemos todos demarcar nossa opinião e defendê-la até a morte, usá-la como um bastão para castigar quem não concorda conosco. Ou podemos reconhecer a legitimidade de diferentes pontos de vista e tentar avaliar como as pessoas chegam a eles, não simplesmente difamá-las ou demonizá-las por discordarem de nós. Podemos não concordar com outros, mas podemos respeitar e aprender uns com os outros". Isso evocou uma ideia poderosa que eu escutara muitos anos antes da lendária educadora Deborah Meier: "Se as crianças não aprenderem democracia na escola, onde vão aprender?".

Os hábitos de um pensador sistêmico

Como observador e ajudante dos mestres educadores que vêm desenvolvendo esse trabalho por duas décadas, não existe hoje, do meu ponto de vista, descoberta mais importante do que o que estamos aprendendo sobre a inteligência sistêmica inata dos alunos. Ela está aparentemente presente desde a idade mais tenra e, se estimulada, pode evoluir em escopo e profundidade surpreendentes em alunos mais velhos. Mas a chave desse progresso está em ferramentas de desenvolvimento apropriadas que permitam aos alunos articular e desenvolver sua inteligência sistêmica — seja mediante simples ferramentas visuais, como o círculo de retroalimentação positiva usado pelos meninos de seis anos, ou o software para construir modelos de estilo dinâmico no ensino fundamental e médio. Há uma interação natural entre ferramentas e habilidades. Como diz o antigo ditado: "Você precisa de martelos para fazer casas, mas também para fazer carpinteiros". Sem ferramentas utilizáveis, essa inteligência sistêmica inata permanece não cultivada, como ocorre com a inteligência musical inata se as crianças nunca tiverem acesso a instrumentos musicais.

Claro, a realidade é pior — porque lá pela segunda ou terceira série, por outro lado, essas crianças começariam a ser submetidas ao processo acadêmico tradicional de temas separados, desconexos, e estariam sob a pressão de ir bem em tarefas dadas pelo professor em lugar de compreender os desa-

COMPREENDENDO O MUNDO MAIS AMPLO

fios da vida real. Como toda inteligência, a inteligência sistêmica deve ser desenvolvida, senão se atrofia. Assim, não admira muito que, para a maioria das crianças, haveria menos evidência dessa inteligência sistêmica inata quanto mais os alunos se envolvessem com o ensino tradicional.

Por essa razão, um dos maiores avanços dos últimos vinte anos é o desenvolvimento de todo um conjunto dessas ferramentas básicas, criadas por professores inovadores que vai da pré-escola ao fim do ensino médio.[11] Recentemente, educadores vêm organizando essas ferramentas em torno dos 13 Hábitos de um Pensador Sistêmico mencionados acima — com diferentes ferramentas para cada hábito sendo desenvolvido. Eis aqui os que foram ilustrados nos relatos acima, bem como o conjunto completo.[12]

Hábitos de um pensador sistêmico

- Reconhece a importância dos *delays* quando explora relações de causa e efeito (por exemplo, os estudantes de ciências do ensino fundamental examinando as consequências de curto e longo prazo nos sistemas de trilhas alternativos do novo parque estadual).

O FOCO TRIPLO

- Descobre onde consequências não intencionais emergem (por exemplo, quando os alunos de ciências do ensino fundamental viram os possíveis efeitos colaterais de uma trilha que geraria mais tráfego de pedestres mas também passaria perto de um cemitério local).
- Muda perspectivas para aumentar a compreensão (por exemplo, os alunos do oitavo ano com seu projeto de fim de ano e sua exploração de questões controversas em sua comunidade).
- Identifica a natureza circular de relacionamentos complexos de causa e efeito (por exemplo, os menininhos com o processo de retroalimentação de "palavras maldosas/sentimentos feridos").
- Reconhece que a estrutura de um sistema gera seu comportamento (por exemplo, os modelos de simulação dos alunos do ensino médio para entender como as drogas interagem com o sistema imune).
- Usa a compreensão da estrutura sistêmica para identificar ações de alta alavancagem (por exemplo, as mudanças sobre as quais os meninos pequenos ponderavam com seu diagrama de "palavras maldosas/sentimentos feridos").

COMPREENDENDO O MUNDO MAIS AMPLO

© 2010 Systems Thinking in Schools, Waters Foundation, www.watersfoundation.org

- Traz à tona e testa hipóteses (evidente nos meninos pequenos, na aula de ciência do ensino fundamental e no oitavo ano).

- Verifica resultados e muda ações, se necessário: aproximação sucessiva (por exemplo, os meninos pequenos testando diferentes intervenções: "da próxima vez que começar uma briga").
- Procura entender o cenário mais amplo (todos esses exemplos).

Os Hábitos de um Pensador Sistêmico estão ajudando os educadores a levar uma estrutura global coerente a um campo que conta com muitos pioneiros em vários ambientes escolares. Hoje, estamos testemunhando que ideias como enxergar o cenário mais amplo, identificar círculos de causalidade, compreender como a estrutura de um sistema produz seu comportamento e reconhecer os benefícios de olhar para os problemas de diferentes perspectivas podem ajudar os educadores a focar em habilidades de pensamento mais profundas ao longo de praticamente todos os currículos e idades.

Também são muito importantes as consequências comportamentais de cultivar a inteligência sistêmica. Com frequência, professores e alunos relatam uma forte sensação de eficácia — em particular, o sentimento de que podem ter influência em situações difíceis nas quais anteriormente se sentiam impotentes. Por exemplo, quando finalmente conheci um dos meninos do vídeo de "palavras maldosas/sentimentos feridos" cerca de um ano após ter sido filmado, perguntei-lhe "Como vocês estão se dando hoje?", e ele respondeu: "Ah, eles são meus melhores amigos agora".

No fim das contas, o que pode estar em jogo é nossa eficiência coletiva, nossa capacidade de enfrentar as questões desafiadoras que hoje confrontamos enquanto sociedade e espécie. Para mim, o trabalho dos inovadores educacionais em ASE e sistemas ao longo das duas últimas décadas é uma fonte de esperança numa época de fácil desespero. Como espécie, os seres humanos não são particularmente rápidos em relação às demais. Não somos particularmente fortes. Você poderia perguntar: bem, mas como chegamos tão longe, de uma perspectiva evolucionária? Acredito que dentre os motivos para termos sobrevivido por todo esse tempo estão nossa inteligência sistêmica inata e nossa capacidade de colaborar, nossa avaliação do que é necessário para resolver as coisas juntos e construir uma comunidade. O tipo de educação que estamos descrevendo aqui se fundamenta nessas habilidades inatas e revela como elas poderiam de fato beneficiar os estudantes e a sociedade atuais.

PARTE 5

A parceria potencial entre a ASE e a educação sistêmica

PETER SENGE E DANIEL GOLEMAN

Quanto mais compreendemos o processo de desenvolver a inteligência sistêmica, mais enxergamos as ligações entre compreender o eu, compreender o outro e compreender os sistemas mais amplos aos quais pertencemos. Isso sugere grande potencial para uma parceria entre educadores de ASE e educadores sistêmicos. Estamos nos estágios iniciais de compreender quão conectadas realmente são essas três inteligências e as sinergias capazes de potencialmente se desenvolver em sua integração.

Por exemplo, a ASE e o pensamento sistêmico têm uma sinergia única quando se trata de otimizar a tomada de decisão pessoal, o quinto objetivo de programas de ASE — e o que todo pai quer para seus filhos. As ferramentas de autoconsciência e autogestão que a ASE oferece, como mostra grande

A PARCERIA POTENCIAL ENTRE A ASE E A EDUCAÇÃO SISTÊMICA

parte das pesquisas, reforça todos os tipos de eficácia cognitiva: se uma criança puder acalmar suas emoções conflitantes, conseguirá pensar sobre os sistemas com maior clareza. E as ferramentas empáticas e sociais da ASE abrem os alunos para as perspectivas e os sentimentos dos outros, de modo que possam mostrar maior consideração pelas outras pessoas. Junte isso aos insights sistêmicos que permitem uma compreensão mais abrangente das dinâmicas humanas e você terá os conceitos e ferramentas para uma melhor tomada de decisão interpessoal — quer diga respeito a como lidar com o bullying ou o que fazer por não ter sido convidado para o baile de formatura.

Em outro exemplo, discutimos de que maneira o cultivo do afeto entre os alunos e também na escola como um todo é um importante novo passo para a ASE. Mas nossa capacidade de se importar com o outro e nossa consciência sistêmica estão interligadas. Num sentido muito fundamental, toda ética está baseada na consciência das consequências de nossas ações. Se sou incapaz de perceber o efeito de minhas ações sobre o outro, não enxergo minhas escolhas éticas. Por exemplo, lembremos o caso do filho pequeno de Peter, que não fazia ideia das consequências de suas ações no relacionamento com um amigo. Por conseguinte, ele não percebia a situação como um problema de ética em seu comportamento. Estamos vendo que quanto mais as crianças são imbuídas de pensamento sistêmico, mais expressam sua predisposição inata de se importar com o outro numa escala cada vez maior, seja avaliando como a água é utilizada na escola em uma região que sofre de escassez, seja partilhando o alimento da horta escolar com a família.

Em nossa experiência, o ponto cego no modo como abordamos a ética é a conscientização. Einstein expressou de forma magnífica essa relação entre se importar com o outro e cultivar a inteligência sistêmica:

> Cada ser humano é parte de um todo a que chamamos Universo, uma parte limitada no tempo e no espaço. A pessoa vivencia o próprio eu, seus pensamentos e sentimentos, como algo separado do resto — uma espécie de ilusão de óptica da consciência [...]. Nossa tarefa deve ser nos libertar dessa prisão alargando nossos círculos de compaixão de modo a abranger todas as criaturas vivas e a totalidade da natureza em sua beleza.[13]

Uma segunda área potencial de sinergia poderia ser o gesto de repensar o desenvolvimento cognitivo e o potencial das crianças. As descobertas dos últimos dez anos, mais ou menos, especialmente o trabalho com crianças pequenas, levantam algumas grandes questões diante das visões estabelecidas da "escada cognitiva", que põe no topo habilidades como a capacidade de síntese, presumindo-se que isso é o que os alunos vão aprender na faculdade ou na pós-graduação. Talvez alguns educadores mais instruídos sejam capazes de ver a síntese como uma competência cognitiva para alunos do ensino médio mais avançados. Mas, nesse caso, o que devemos pensar daqueles meninos de seis anos e seu círculo de retroalimentação positiva de "palavras maldosas/sentimentos feridos", ou de incontáveis outros exemplos que hoje temos de crianças muito novas que captam a complexidade, mesmo na pré-escola?

Suspeitamos que a escada cognitiva padrão, da maneira como muitos educadores a entendem hoje, é mais moldada do que podemos perceber pelo viés reducionista da teoria ocidental de conhecimento. É uma teoria fragmentadora, que quebra temas complexos em pedaços cada vez menores. É por isso que, literalmente, um "especialista" em sociedade moderna é alguém que sabe muito sobre pouca coisa. O reducionismo se faz acompanhar de um viés natural que privilegia a análise sobre a síntese, examinando cada pedaço isoladamente ou analisando temas dentro de limites acadêmicos arbitrários, como a separação entre a matemática e os estudos sociais, a economia e a psicologia. O viés de fragmentação e análise fica evidente na típica progressão embutida no currículo padrão rumo a temas cada vez mais estreitamente definidos, progressão que segue por todo o período acadêmico.

Mas se partimos da visão de que tudo no universo é interdependente — fundamental em um campo como a física quântica — e de que todos os humanos possuem essa inteligência sistêmica inata, nesse caso teríamos uma diferente escada cognitiva, que estaria mais para uma espiral. Você começaria com a ideia de que o pensamento real envolve compreender tanto a interdependência como os elementos individualmente: a síntese *e* a análise. Em seguida, você integraria o movimento por essas duas dimensões com uma progressão desenvolvimentista ao longo do tempo. Para a síntese, isso pode significar a progressão de uma "sensação percebida" de interdependência, tal como a inteligência sistêmica corporificada de andar de bicicleta por uma superfície irregular com pessoas a sua volta, até representações e modelos abstratos cada vez mais complexos.

A PARCERIA POTENCIAL ENTRE A ASE E A EDUCAÇÃO SISTÊMICA

Por exemplo, o simples círculo retroalimentador dos meninos de seis anos naturalmente dá lugar a diagramas sistêmicos mais complexos para pré-adolescentes e adolescentes em torno do "drama de relacionamento" e dos efeitos interativos dos estereótipos de gênero, grupos de pares e ansiedades pessoais.[14] Na metade da adolescência, os alunos são capazes de construir e analisar modelos bastante complexos, como os alunos de ensino médio de Diana Fisher com sua simulação de vício em drogas e álcool. Assim, a espiral reconheceria a análise e a síntese como modalidades cognitivas complementares desde os anos mais tenros e progrediria por estágios de representações cada vez mais elaboradas da complexidade dinâmica (número de variáveis, interconexões e dinâmicas causais cada vez mais complexas com múltiplos *delays*) e compreensão cada vez mais sofisticada da complexidade social (por exemplo, reconhecendo a diversidade de interessados e suas preocupações).

Mas integrada a essa espiral de competências cognitivas deve haver uma segunda espiral entrelaçada de competências emocionais. Por exemplo, com o simples modelo de brigas no parquinho, os meninos estão exibindo e desenvolvendo sua competência para a empatia e a consciência social. E a investigação que os alunos do oitavo ano fizeram

O FOCO TRIPLO

para contestar as leis de imigração leva essa maturidade emocional a um novo nível de empatia por aqueles que eles viam como inflingidores de sofrimento aos entes queridos. Trabalhar nessa nova teoria de desenvolvimento cognitivo-emocional seria uma grande tarefa colaborativa para a ASE e os educadores sistêmicos.

Acreditamos que apenas agora estejamos começando a repensar nossas opiniões sobre o desenvolvimento humano de uma maneira mais integrada: cognitiva (cérebro frontal e lobos frontais), emocional (cérebro mamífero e sistema límbico), espiritual e energética (que poderiam estar embutidas na totalidade do sistema mente-corpo, mais do que em circuitos particulares). Mais uma vez, percebemos que uma das mais poderosas experiências da ASE e dos educadores sistêmicos em toda parte é ver que o genuíno potencial dos alunos excede de longe o que o presente sistema educacional tradicional, com sua ênfase no desenvolvimento puramente cognitivo e na análise em detrimento da síntese, está fadado a produzir. Nesse sentido, é um sistema de "emburrecimento" dessas competências inatas.

Seria útil lembrar que no modelo fabril que herdamos da Era Industrial a escola jamais esteve ligada a estimular e cultivar esse potencial inato.

95

Jamais tratou de nos fazer crescer enquanto seres humanos — ele foi concebido para treinar operários fabris em massa. Embora praticamente tudo tenha mudado na realidade de nossos alunos desde que esse modelo foi implementado pela primeira vez, quase duzentos anos atrás, o projeto básico de escola tem sido ajustado apenas em termos quantitativos, não qualitativos. Ainda temos séries fixas (primeiro ano, segundo ano e assim por diante até o terceiro ano do ensino médio) pelas quais a maioria dos alunos transita em massa, com diretrizes curriculares rígidas e professores especializados que teoricamente estão ali para endossá-las.[15] Estamos hoje prestes a conhecer uma inovação qualitativa fundamental e, através das lentes combinadas da ASE e do trabalho sistêmico, vendo como tal inovação poderia ocorrer.

Uma terceira sinergia importante entre a ASE e o pensamento sistêmico tem a ver com transformar a pedagogia e a cultura da escola. Por exemplo, uma chave para tornar essa visão espiral do desenvolvimento cognitivo-emocional *prática* nos ambientes educacionais reais é o profundo respeito. Não se deve apresentar aos jovens algo que não tenha significado para eles, que não se relacione de alguma forma com suas vidas. Mas, infelizmente, esse ainda é o *modus operandi* de 80% a 90% dos currículos escolares. Por outro lado, alunos de todos os níveis acham a ASE atraente porque os ajuda a lidar diretamente com as questões que mais lhes dizem respeito: bullying, amizades, boas relações etc. Similarmente, para os três meninos, as brigas no parquinho constituíam um de seus maiores problemas naquele ponto de seu desenvolvimento. Imagine tentar "ensinar" a eles as mesmas lições sobre círculos retroalimentadores positivos e mudança sistêmica em uma aula acadêmica!

Uma descoberta comum é que nem a ASE eficaz nem a educação sistêmica eficaz podem ser realizadas por meio da pedagogia tradicional, em que o professor fica na frente da classe transmitindo a informação. Quando as duas coisas são bem-feitas, há uma ênfase natural nas aulas baseadas na experiência [*experience-based lessons*], bem como na aprendizagem baseada em projetos [*project-based learning*], aprendizagem pela ação [*action learning*] e aprendizagem cooperativa [*cooperative learning*], com os alunos se envolvendo profundamente em questões que são importantes para suas vidas e assumindo a responsabilidade pelo próprio aprendizado. Essas são estratégias de instrução familiares para a maioria dos educadores e podem ser eficazes em todas as idades e em diversos conteúdos acadêmicos. Contudo, ainda assim são exceções,

A PARCERIA POTENCIAL ENTRE A ASE E A EDUCAÇÃO SISTÊMICA

não a norma, em grande parte porque os educadores conhecem os conceitos, mas não são afeitos à sua prática, ou porque as restrições da maioria das culturas escolares os inibem na construção dessas capacidades. Acreditamos que seria um maravilhoso projeto conjunto se os líderes na ASE e na inovação de sistemas educacionais trabalhassem com os mesmos princípios pedagógicos, como:

- Respeitar a realidade e os processos de compreensão do aluno.
- Focar em questões que sejam reais para o aluno.
- Permitir que os alunos construam os próprios modelos e conceitos e testem as próprias maneiras de compreender problemas.
- Trabalhar e aprender juntos.
- Manter o foco na ação e no pensamento, no modo como eu ou nós precisamos *agir* ou *nos comportar* de forma diferente, não apenas *pensar* de forma diferente.
- Construir a competência dos alunos para que sejam responsáveis pelo próprio aprendizado.
- Encorajar dinâmicas de pares em que os alunos ajudem uns aos outros a aprender.

- Reconhecer os professores como projetistas, facilitadores e tomadores de decisão (mais do que "passadores de conteúdo"). Isso exige que os professores tenham profundo conhecimento do currículo, a ser continuamente desenvolvido mediante redes robustas de aprendizado entre seus pares.

O foco na inovação genuína em pedagogia não exclui a atenção com habilidades, currículo ou padrões de qualidade. Antes, consolida estratégias mais eficazes para alcançar metas educacionais abrangentes — assim como Dan observava na relação da ASE com o desempenho acadêmico. Mas esses princípios pedagógicos são apenas metade da história. Embora louváveis, não serão seguidos de forma ampla e efetiva enquanto não se fizerem acompanhar por princípios de implementação.

Roger Weissberg, o diretor fundador do Collaborative for Academic, Social and Emotional Learning (CASEL), muitas vezes afirmou que o aspecto mais importante — embora também mais negligenciado — da ASE é sua implementação. No Reino Unido, o Ministério da Educação deliberou que um programa chamado SEAL (Social and Emotional Aspects of Learning — Aspectos Sociais e Emocionais de Aprendizagem) fosse iniciado nas escolas de lá em 2003.[16] Isso foi uma determinação de cima para baixo, e nem todo diretor de escola ou equipe de ensino se mostrou particularmente afeito ao programa, tampouco havia um currículo padrão. Um estudo da eficácia do programa descobriu que, em média, o SEAL não ajudava as crianças tanto assim, o que não deve causar nenhuma surpresa. Entretanto, houve uma grande variação nos resultados, com algumas escolas apresentando desempenho muito positivo, ainda que outras obtivessem resultados ruins. E um fato fundamental no sucesso do programa pareceu ser o modo como foi implementado. Não é apenas um currículo excepcional que torna a ASE bem-sucedida, mas fazer com que todos os envolvidos a compreendam, a abracem e a ensinem com eficácia. Isso está mudando a cultura da escola.

Além dos próprios programas, trazer a ASE à escola exige que se ajudem os professores a ficar bem preparados, de maneira que venham a encarnar aquilo que vão lecionar. Devemos também envolver os pais na maior medida possível — todos os melhores programas de ASE têm um componente para os pais.

Há um fluxo natural de duas mãos entre a sala de aula e o lar. As crianças que aprenderem uma técnica de, digamos, autogestão muitas vezes leva-

ráo para a família a lição aprendida na escola —
por exemplo: "Mãe, você está começando a ficar
nervosa, por que não respira fundo um pouco?".
Relatos domésticos como esse são comuns, porque
o muro entre a escola e a casa às vezes não passa de
ficção. A criança vive em um mundo próprio, não
em áreas separadas por muros. E o que ela aprende
em um lugar ela leva naturalmente para outro,
sempre e onde quer que isso se aplique.

Uma das melhores práticas em ASE é, na medida do possível, envolver os pais. Desse modo, o
que as crianças aprendem na escola é reforçado e
apoiado pelas pessoas que têm a maior importância para elas: seus familiares.

Uma regra simples é: quanto mais você estiver realmente inovando, quanto mais estiver am-
pliando a norma, mais deverá envolver os pais —
por dois motivos fundamentais. Primeiro, os pais
podem se sentir muito ameaçados ou se tornar
realmente envolvidos. Segundo, as crianças não
moram na escola. Para ser de fato respeitoso em
relação ao mundo da criança, você deve estar em
contato com ele. Independentemente de se dar
conta disso ou não, você na realidade não está educando as crianças, está educando as famílias.

As raízes de nossos problemas com a implementação são profundas, começando pelo treina-

mento acadêmico dos educadores, que aprendem a teoria na faculdade e em programas de pós-graduação, nos quais supostamente deveriam "implementá-la" na prática. Mas essa visão fragmentada contradiz o modo como todos aprendemos. Não aprendemos a andar tendo aulas primeiro, tampouco fazemos aulas de movimento giroscópico para aprender a andar de bicicleta. Nosso aprendizado se desdobrou em uma iteração contínua entre pensar e agir. Essa fragmentação de teoria e implementação tende a tornar a implementação uma espécie de filha adotiva desorganizada, em comparação com o trabalho da teoria, que seria mais elegante — visão partilhada por Douglas MacArthur, o famoso general do Exército americano, quando disse: "A estratégia é para amadores. A logística é para profissionais".

Implementar é difícil. Por exemplo, quase todo mundo é a favor de tornar a educação mais significativa, envolvente e profunda para todos os alunos. Embora concordemos, esses objetivos permanecem elusivos, porque são poucos os que reconhecem a profundidade das mudanças necessárias para atingi-los.

A compreensão imprescindível começa por reconhecer que a mudança sistêmica é uma jornada pessoal. Professores bem-sucedidos em instruir dessa maneira em geral passam por profundos processos de aprendizado e transformação. A maioria internalizou seus modelos de aprendizado com base no modo como foram ensinados. A maioria guarda uma forte imagem do "professor como um conferencista". Muitos chegam a ter fortes ligações com suas capacidades nesse *modus operandi*. Não é fácil abrir mão de estilos de instrução mais antigos, por mais ou menos confortáveis que sejam, em favor de estratégias que funcionem melhor para quem aprende.

E eles não podem fazer isso por si mesmos. Para sustentar a mudança, temos de construir ecologias de liderança eficazes em múltiplos níveis. Os professores precisam estar inseridos em comunidades que se ajudem mutuamente. Temos de garantir que não estamos oferecendo apenas um "treinamento superficial" para professores e simplesmente lhes desejando boa sorte, mas, em vez disso, encorajando redes de pares fortalecidas que transformem a cultura de uma escola mediante a colaboração contínua, assumindo riscos e inovando numa base diária. Envolvimento e apoio fortes, ativos, da parte do diretor e outros "líderes do processo de construção" também são cruciais. Na verdade, hoje, a maioria dos especialistas que conhecemos em desenvolvimento de professores tipicamente não trabalha com professores isolados, mas insiste na capacitação de diretores e professores em paralelo, de modo que professores e administradores estejam criando juntos um ambiente de colaboração e inovação contínuas. O mesmo pode ser dito para a liderança distrital ou sistêmica, que dá o contexto em termos de objetivos, estruturas e processos globais para a inovação contínua.[17]

Finalmente, esse ambiente de incentivo necessita se estender além da escola, aos pais e ao público. A escola é um sistema complexo com um ambiente participativo muito intrincado — muito mais do que uma empresa. Não é realista pensar que os educadores possam transformar a escola sozinhos, e vemos a evidência disso em incontáveis esforços decepcionantes de "reforma educacional". Mas a maioria dos educadores não é necessariamente hábil em engajar os diversos participantes externos. Isso, uma vez admitido, é algo que pode ser trabalhado, e muitas das mesmas ferramentas empregadas para a inteligência social, emocional e sistêmica irão ajudar.

Em nossa experiência, as empresas ingressaram numa acentuada curva de aprendizado relativa à mudança sistêmica, e as lições que elas aprenderam também podem guiar os líderes (em todos os níveis) na educação. Por exemplo, tem havido uma consciência em constante crescimento nas empresas acerca da diferença entre comprometimento e complacência. Se você "manda alguém fazer", o sucesso da implementação é muito inconsistente. Mas, na maior parte do tempo, ainda é assim que os líderes operam na educação, como o programa SEAL no Reino Unido. Os "líderes" identificam uma mudança necessária, em seguida a põem em funcionamento no sistema. Os professores frequentam um curso de desenvolvimento profissional e já se espera que implementem a mudança. Seguindo essa abordagem, só é possível obter, na melhor das hipóteses, complacência, e em geral a contragosto.

Muitas vezes achamos que os educadores concordam intelectualmente com os problemas de estratégias baseadas em complacência, contudo fazem o oposto do que defendem. Fala-se muito da boca para fora em "líderes de professores" e em não obrigar as pessoas a nada, mas não é isso que acontece na prática. E quando alguém pergunta "Por que você se prende a modelos verticais?", as pessoas em geral expressam pressupostos básicos como "Bem, eles [os professores] não vão fazer se nós não fizermos", ou "Não temos tempo para um processo mais lento", ou "Bem, você sabe, temos um sindicato aqui" (dando a entender que a previ-

A PARCERIA POTENCIAL ENTRE A ASE E A EDUCAÇÃO SISTÊMICA

sível resistência sindical justifica a abordagem de cima para baixo).

Uma ideia orientadora tanto na psicologia pessoal como na aprendizagem organizacional é que, quando há lacunas persistentes entre o que é abraçado e o que é feito, você quase sempre descobre que isso é moldado por profundos pressupostos, os quais com frequência contradizem as opiniões abraçadas. Muitas vezes ninguém está testando esses pressupostos. O pesquisador da educação Michael Fullan sucintamente nomeia um desses pressupostos quando diz: "Quase todo mundo defende que 'qualquer criança pode aprender', mas estamos menos preparados para dizer 'qualquer professor pode aprender'".

Aqui é onde os líderes sistêmicos em educação poderiam realmente aprender com os meninos de seis anos, já que estão presos em um círculo vicioso retroalimentador que parecem incapazes de romper. Uma vez que acreditamos que professores não mudam, estamos seguindo modelos verticais que garantem pouco sucesso na implementação e geram nova evidência para apoiar nossa convicção.

Como os meninos, se os líderes sistêmicos pudessem simplesmente traçar esse círculo e começar a falar seriamente a respeito, ele ajudaria a trazer esses pressupostos implícitos à tona e a fazer com que pensassem juntos sobre "como quebrar o círculo retroalimentador".

Fonte da ilustração: Peter Senge

Em nossa experiência, o verdadeiro trabalho de mudança começa com conversas honestas sobre nossos modelos mentais. Até você externar a opinião de que "Não confiamos de verdade nos professores", esse pressuposto permanece invisível e, portanto, não testável. Mas é claro que ter tais conversas exige altos níveis de inteligência social e emocional também. Muitas vezes nos perguntamos quantos educadores que abraçam a ASE reconhecem que a jornada começa com eles e que a implementação bem-sucedida exigirá um trabalho profundo em suas equipes.

A PARCERIA POTENCIAL ENTRE A ASE E A EDUCAÇÃO SISTÊMICA

Na maioria dos contextos, os líderes da mudança também necessitam abrir mão da crença de que "todo mundo deve fazer isso desse jeito". Em qualquer processo de mudança desafiador você precisa deixar as pessoas se moverem até certo ponto em ritmos diferentes. Você quase sempre encontrará gente que de fato quer ir na nova direção — por exemplo, professores que vêm executando a ASE ou atividades em moldes sistêmicos na sala de aula o tempo todo. Agora eles receberam permissão e se mostrarão naturalmente entusiásticos. E depois há esses que realmente não compreendem e preferem ficar sem fazer nada (não complacência) ou fazem o mínimo necessário para não perder o emprego. No meio-termo há pessoas que são abertas a um novo modo, mas precisam de ajuda, seja porque têm a preocupação de não serem competentes com novas abordagens, seja porque tentaram algo nessa linha antes e não funcionou, e assim por diante.

Líderes de mudança eficazes focam no apoio aos que já estão comprometidos, ao mesmo tempo que alavancam seu envolvimento com aqueles que estão abertos a mudança mas não se movem com rapidez suficiente. Eles aprendem a deixar de tentar convencer os recalcitrantes e confiam em que o processo, se começar a pegar embalo, gradualmente atingirá esses indivíduos de um modo ou de outro. Muitas vezes descobrimos que, três anos mais tarde, alguns dos mais entusiasmados líderes de mudança surgem entre os que inicialmente não estavam convencidos — por exemplo, pessoas dotadas de um ceticismo saudável derivado de muitos esforços por mudança fracassados no passado, mas que realmente se importam com mudanças que poderiam de fato beneficiar os alunos.

A chave é conseguir embalo com os que estão preparados para mudar — os líderes naturais no sistema em múltiplos níveis. É preciso ser bom em encontrar essas pessoas e lhes permitir assumir o papel de protagonistas. E você precisa ter tempo suficiente para deixar o processo todo adquirir envolvimento mediante o sucesso tangível e os resultados aperfeiçoados. Sempre achamos que os melhores vendedores para novas práticas pedagógicas são os próprios professores — sobretudo quando podem mostrar os resultados do que seus alunos estão realizando. Isso em geral se traduz em diversas sessões informais de trabalho entre grupos de professores em que eles discutem o trabalho dos alunos e partilham suas novas práticas. Você ouvirá então um professor dizer: "Aquele ali tinha um sério problema de comportamento quando foi meu aluno. Como você conseguiu se entender com ele?". Ou: "Aquela aluna fez o *quê*? Eu nunca teria esperado esse nível de clareza vindo dela". Nesse ponto, muitos céticos começam a sair de cima do muro.

Podemos ouvir você dizendo: "Mas tudo isso leva tempo, e estamos sob muita pressão para transformar o desempenho do aluno de um dia para o outro". Isso é absolutamente compreensível, e é por esse motivo que enfatizamos o contexto do multiparticipante e da liderança em múltiplos níveis. Estamos aprendendo que uma vez que há liderança suficiente na sala de aula, na escola, no sistema escolar, e você começa a obter o envolvimento dos pais e da comunidade mais ampla, o embalo efetivo começa a ganhar força. É necessário ter o que Michael Fullan chama de "estratégias formadoras de capacidade com alta alavancagem" [*high-leverage capacity building strategies*] para professores e administradores. Também é necessário haver marcos claros ao longo do trajeto, usando exemplos de sucesso entre os alunos para fomentar a proeminência emocional junto a indicadores mais quantificáveis do progresso acadêmico.

Nada disso é fácil, mas está acontecendo. O motivo para que possa ser feito, acreditamos, é que, no fim das contas, a inteligência social, emocional e sistêmica é inata. Assim que as pessoas percebem que há estratégias práticas para progredir, e veem os muitos benefícios para o desenvolvimento tanto

O FOCO TRIPLO

acadêmico como pessoal dos alunos, muitas dúvidas e reservas se tornam menos problemáticas.

O CASEL já estabeleceu diretrizes bem fundamentadas da melhor prática para implementar a ASE. Elas incluem:

- Instituir uma visão da ASE compartilhada por todos os participantes interessados.
- Criar um recurso associado à ASE e um inventário de necessidades.
- Consubstanciar um plano de vários anos para a ASE que delineie como a visão será conquistada e medir o progresso ao longo do tempo.
- Oferecer desenvolvimento profissional contínuo para a equipe.
- Implementar programas de ASE baseados em evidência.
- Incorporar políticas e atividades em nível escolar amplo para aperfeiçoar a educação social, emocional e acadêmica de todos os alunos.
- Usar dados claros para melhorar a prática.[18]

As mesmas diretrizes podem ser adaptadas para incluir a aprendizagem sistêmica. E podemos acrescentar a elas as seguintes:

A PARCERIA POTENCIAL ENTRE A ASE E A EDUCAÇÃO SISTÊMICA

- Construir ecologias de liderança saudáveis que combinem a liderança em salas de aula, escolas, sistema e comunidade.
- Perguntar continuamente: "Como eu e minha equipe devemos mudar?".
- Apresentar maior propensão ao comprometimento do que à complacência.
- Enfatizar a voluntariedade a cada passo.
- Respeitar o profissionalismo, a capacidade de aprender, o processo de aprendizagem e as necessidades dos adultos.
- Ir devagar para ir rápido: permitir que o embalo cresça a partir dos que estão preparados para liderar.
- Engajar a diretoria e os membros da comunidade no processo, de modo que eles também possam sentir que estão ajudando a criar um ambiente para a inovação contínua.
- Implementar responsabilidade pela mudança entre todos os participantes-chave.

No nosso entender, existe uma oportunidade tremenda para a ASE e os movimentos sistêmicos funcionarem mais estreitamente nesses processos de transformação cultural contínua. Ambas as redes têm crescido rapidamente nos últimos vinte anos. A rede da ASE hoje penetra em um grande número de sistemas escolares, e a rede de pensamento sistêmico se expandiu de uma rede predominantemente de professores e escolas para uma rede de sistemas escolares, com ênfase em grandes bairros urbanos onde se encontram muitos dos mais difíceis desafios das escolas americanas. Combinadas, a ASE e as redes de pensamento sistêmico estão provavelmente atingindo, numa estimativa conservadora, de 1% a 5% das escolas e alunos. Se aliadas a outros movimentos correlatos para a inovação básica na escola, o alcance seria ainda maior. Sabemos por estudos de mudança que de 10% a 20% praticando com seriedade uma nova abordagem e mostrando os benefícios podem constituir a massa crítica. Não estamos tão longe. Trabalhando juntos, poderíamos atingir um verdadeiro ponto da virada dentro de uma década.

À medida que crescer a massa crítica, ficará claro que essas redes são cruciais para os alunos de hoje. Compreender como o eu, o outro e os sistemas mais amplos estão fundamentalmente interligados torna cada um mais compreensível e convincente. Isso facilitará ainda mais que os educadores preocupados com um dos focos naturalmente se preocupem com os outros. Facilitará ainda mais desmistificar o quadro completo para pais e cidadãos como um todo. Cada vez mais as empresas compreendem que precisam de pessoas capazes de pensar por si mesmas, com capacidade de se motivar por conta própria, de aprender por si mesmas, e que possam efetivamente trabalhar em equipe, sobretudo ao confrontar problemas de fato complexos. Elas só precisam ver restaurada sua fé em que as escolas podem na realidade ser eficazes em desenvolver tais capacidades. Talvez o mais importante de tudo isso: os jovens percebem as coisas. É um reconhecimento de sua inteligência inata. Quando a ASE e o trabalho sistêmico são feitos engenhosamente, tornam-se veículos para envolver de fato os alunos e fortalecer sua confiança para pensar por si mesmos dentro de currículos diversos. Mais ainda se voltarmos ao que dissemos no começo, que, no fim das contas, o que está em jogo é nossa capacidade coletiva de enfrentar as questões desafiadoras com que hoje nos deparamos enquanto espécie — ou seja, o futuro partilhado pelos alunos. O dilema fundamental da Era Antropocênica concentra-se em aprender a compreender as consequências sistêmicas de nossas ações numa escala global. Este trabalho nos lembra que o verdadeiro desafio não diz respeito a se tornar mais inteligente ou mais esperto nos modos de pensar majoritariamente não sistêmicos que possibilitaram a mudança acelerada da Era Industrial — mas em estimular e desenvolver nossas inteligências mais profundas do eu, do outro e sistêmicas numa época em que realmente precisamos delas.

Devemos lembrar que pela primeira vez na história humana as crianças hoje crescem participando do mundo. Com a idade de sete ou oito anos, têm bastante consciência dos problemas ambientais e sociais mais amplos que enfrentamos. Elas são capazes de ligar os pontos. Sabem que essas questões vão moldar o mundo em que um dia irão viver. Do que mais sentem falta é a sensação de que a escola igualmente sabe, e pode ajudá-las a se preparar para serem capazes de fazer alguma coisa a respeito.

Isso se evidenciou com grande força para Peter e muitos outros alguns anos atrás, em um encontro regional da SoL [Society for Organizational Learning] Education Partnership. Nesse dia, um público de aproximadamente 250 adultos ouviu uma série de alunos apresentar seus projetos de sustentabilidade. Entre eles havia o projeto de uma me-

A PARCERIA POTENCIAL ENTRE A ASE E A EDUCAÇÃO SISTÊMICA

nina de doze anos que descrevia a turbina de vento que ela e seus colegas haviam construído no ensino fundamental. A apresentação durou cerca de três minutos.

O projeto começava com sessões durante as quais o professor de ciências discutia energia e a necessidade de agir com mais rapidez para a obtenção de fontes de energia renováveis. A aluna e quatro colegas conversaram com o professor sobre o que poderiam fazer, e foi então que nasceu a ideia da turbina. As crianças contaram com a ajuda dos pais para selecionar as diferentes opções de engenharia e investimento, apresentando no fim a ideia para a diretora da escola, depois à prefeita da cidade. A menina comentou: "Fiquei preocupada que nossa apresentação não tivesse ido muito bem com a prefeita — ela não disse quase nada enquanto a gente apresentava nossas ideias". Mas as crianças foram depois chamadas para uma segunda apresentação diante da prefeita e de membros da câmara. A aluna encerrou seu relato notável com uma fotografia da turbina de vento vertical atualmente construída diante da escola.

Tendo desse modo prendido inteiramente a atenção do público um tanto perplexo, a menina de doze anos o encarou e, do alto de seus 34 quilos de feroz determinação, disse calmamente: "Nós,

O FOCO TRIPLO

crianças, estamos sempre escutando 'Vocês são o futuro'. A gente não concorda com isso. Não temos tanto tempo assim. Precisamos fazer as mudanças agora. Nós, crianças, estamos prontas. E vocês?".[19]

Notas

1. Hasenkamp, Wendy, et al. "Mind Wandering and Attention During Focused Meditation". NeuroImage 59, n. 1 (2012): 750-760. O estudo revelou que quanto mais os voluntários praticavam exercícios mentais como esse, maior a conectividade obtida nos circuitos de atenção principais.
2. Tough, Paul. *How Children Succeed: Grit, Curiosity, and the Hidden Power of Character.* Boston: Houghton Mifflin, 2012.
3. Mischel, Walter. *The Marshmallow Test: Mastering Self-control.* Nova York: Little, Brown, 2014.
4. Moffitt, Terrie E. et al. "A Gradient of Childhood Self-Control Predicts Health, Wealth, and Public Safety". Proceedings of the National Academy of Sciences 108, n. 7:2693-98.

NOTAS

5. Para saber mais sobre o método de segurança, ver Bennett-Goleman, Tara. *Mind Whispering*. São Francisco: Harper One, 2013.
6. Ver www.mindandlife.org.
7. Ver www.ccmodelingsystems.com/student--projectshighlights.html e www.ccmodelingsystems.com/student-projects-videos.html.
8. Ver www.en.wikipedia.org/wiki/Pharmacokinetics.
9. Ver Diana Fisher, "Modeling Dynamic Systems", 3. ed., e "Lessons in Mathematics: a Dynamic Approach", ambos disponíveis em ISeeSystems, em www.iseesystems.com/store/k12.aspx. Este último apresenta aos alunos a construção de modelos de simulação dinâmicos. O primeiro é uma demonstração pioneira de como ensinar uma série de áreas da matemática no ensino médio (inclusive cálculo) de uma perspectiva sistêmica, enfatizando o entendimento intuitivo das dinâmicas como um alicerce para o domínio técnico.
10. O vídeo pode ser visto em www.watersfoundation.org/resources/firstgradestudents/.
11. Essas ferramentas visuais para os primeiros anos também funcionam bem com crianças que estão aprendendo a língua inglesa ou de qualquer modo se empenhando em dominar

suas habilidades linguísticas. Isso é compatível com o crescimento das pesquisas sobre o poder de ferramentas visuais para estudantes de língua inglesa. Ver Marzano, Robert, et al. *Classroom Instruction That Works: Research-Based Strategies for Increasing Student Achievement.* 2. ed. Alexandria: Association for Supervision & Curriculum Development, 2012.

12. Ver www.watersfoundation.org.

13. Ver www.lettersofnote.com/2011/11/delusion.html.

14. Hovmand, Peter. *Community Based System Dynamics.* Nova York: Springer, 2014.

15. Senge, Peter, et al. *Schools That Learn (Updated and Revised): A Fifth Discipline Fieldbook for Educators, Parents, and Everyone Who Cares About Education.* Nova York: Crown Business, 2012.

16. Humphrey, Neil. *Social and Emotional Learning: A Critical Appraisal.* Londres: SAGE Publications, 2013.

17. Essa visão sistêmica da liderança está desenvolvida em maior profundidade em um relatório para a Hewlett Foundation. Ver Senge, Peter, et al. "Developmental Stories: Lesson from Systemic Change for Success in Implementing the New Common Core Standards", 6 de maio

NOTAS

de 2012. O artigo pode ser encontrado aqui: www.soledpartnership.org/wp-content/uploads/2014/03/DevelopmentalStories.pdf.

18. Collaborative for Academic, Social, and Emotional Learning. *2013* CASEL *Guide: Effective Social and Emotional Learning Programs: Preschool and Elementary School Edition* (PDF), 2013.

19. Ver *Leader to Leader*, junho de 2012.

Daniel Goleman é autor do best-seller *Inteligência emocional*, considerado um dos vinte e cinco livros mais influentes na área empresarial pela revista *Time*. Ele é codiretor do Consortium for Research on Emotional Intelligence in Organizations.

Peter M. Senge, ph.D., é *Senior Lecturer* no Massachusetts Institute of Technology; presidente fundador da SoL [Society for Organizational Learning] e autor do aclamado livro *The Fifth Discipline: The Art and Practice of the Learning Organization*. Para mais informações, visite: <soledpartnership.org/systems-thinking-and-sel/>.

1ª EDIÇÃO [2016] 4 reimpressões

ESTA OBRA FOI COMPOSTA EM ADOBE GARAMOND PELA
ABREU'S SYSTEM E IMPRESSA EM OFSETE PELA LIS GRÁFICA
SOBRE PAPEL PÓLEN BOLD DA SUZANO S.A. PARA A
EDITORA SCHWARCZ EM ABRIL DE 2023

A marca FSC® é a garantia de que a madeira utilizada na fabricação do papel deste livro provém de florestas que foram gerenciadas de maneira ambientalmente correta, socialmente justa e economicamente viável, além de outras fontes de origem controlada.